黑龙江经济普查年鉴 2018

Heilongjiang Economic Census Yearbook

第三产业卷

黑龙江省人民政府第四次全国经济普查领导小组办公室 编著

图书在版编目（CIP）数据

黑龙江经济普查年鉴. 2018. 第三产业卷 / 黑龙江省人民政府第四次全国经济普查领导小组办公室编著. -- 北京 : 中国统计出版社, 2021.3
ISBN 978-7-5037-9458-2

Ⅰ. ①黑… Ⅱ. ①黑… Ⅲ. ①经济－普查－黑龙江省－2018－年鉴②第三产业－经济－普查－黑龙江省－2018－年鉴 Ⅳ. ①F127.35-54②F264.1-54

中国版本图书馆 CIP 数据核字(2021)第 009151 号

黑龙江经济普查年鉴—2018/第三产业卷

作　　者/黑龙江省人民政府第四次全国经济普查领导小组办公室
责任编辑/许立舫
执行编辑/邢　玥
封面设计/黄俊杰　李雪燕
出版发行/中国统计出版社
通信地址/北京市丰台区西三环南路甲 6 号　邮政编码/100073
电　　话/邮购（010）63376909　书店（010）68783171
网　　址/http://www.zgtjcbs.com/
印　　刷/哈尔滨翰翔印务有限公司
经　　销/新华书店
开　　本/880mm×1230mm　1/16
字　　数/536 千字
印　　张/17.5
版　　别/2021 年 3 月第 1 版
版　　次/2021 年 3 月第 1 次印刷
定　　价/980.00 元（全三册附光盘）

本书附同版本 CD-ROM 一张，光盘内容以书面文字为准。
如有印装差错，由本社发行部调换。

《第三产业卷》编辑委员会

第六篇　企业信息化和电子商务交易情况篇

主　　编：陈　君

副 主 编：高晓杰　郭振威 王占先

编辑人员：（以姓氏笔画为序）

李莹莹　郭振威

数据处理：李莹莹

校　　对：李莹莹　郭振威

编者说明

为便于社会各界共同分享黑龙江省第四次全国经济普查成果，更方便地开发利用普查资料，现将经济普查资料编辑整理，汇编成《黑龙江经济普查年鉴—2018》一书。全书共三卷三册，即综合卷、第二产业卷和第三产业卷，并随书配送同版本光盘一张。《综合卷》分三篇：第一篇为“综合篇”，第二篇为“企业篇”，第三篇为“文化及相关产业篇”。《第二产业卷》分四篇：第一篇为“工业企业生产经营及财务状况篇”，第二篇为“主要工业产品产量篇”，第三篇为“规模以上工业企业科技情况篇”，第四篇为“建筑业企业生产经营及账务状况篇”。《第三产业卷》分六篇：第一篇为“批发和零售业企业基本情况及财务状况篇”，第二篇为“住宿和餐饮业企业基本情况及财务状况篇”，第三篇为“房地产开发经营业生产经营及财务状况篇”，第四篇为“服务业企业财务状况篇”，第五篇为“服务业行政事业及非企业法人单位篇”，第六篇为“企业信息化和电子商务交易情况篇”。为使读者能够更好地使用本资料，现对有关问题做如下说明：

一、第四次全国经济普查的标准时点为 2018 年 12 月 31 日，时期资料为 2018 年度；

二、综合卷中综合篇和企业篇汇总表，均不包含少量无分组标识的单位数据，其中单位数包含兼营二、三产业的农、林、牧、渔业法人单位，从业人员数不包含兼营二、三产业的农、林、牧、渔业法人单位，不包含人民银行、银保监会、证监会监管的金融业以及铁路运输部门单位数据；

三、本资料建筑业按法人单位注册地，其他行业按法人单位经营地进行汇总；

四、本资料对部分数据由于计量单位取舍不同或四舍五入而产生的误差数均未作机械调整；

五、表中空格表示该项统计指标数值为零、不足最小单位、数据不详或无该项数据，“#”表示其中的主要项；

六、为了更准确地使用本年鉴，每卷后附有该卷详细的指标解释。

希望此书的面世，能使社会各界对黑龙江省第四次经济普查有一个全面的了解，更愿本书的内容，能为社会经济研究工作者提供有价值的参考。

黑龙江第四次经济普查资料是全省普查工作者共同辛勤工作的成果，也是广大普查对象积极支持配合的结果。在此，我们向全省所有普查工作者、普查对象和所有参与和支持普查工作的人员致以崇高的敬意和衷心的感谢！

黑龙江省人民政府第四次全国经济普查领导小组办公室

2021 年 1 月

第三产业卷 目录

第一篇 批发和零售业企业基本情况及财务状况篇

A. 行业部分

B. 地区部分

第二篇 住宿和餐饮业企业基本情况及财务状况篇

A. 行业部分

第三篇　房地产开发经营业生产经营及财务状况篇

第四篇　服务业企业财务状况篇

第五篇　服务业行政事业及非企业法人单位篇

第六篇　企业信息化和电子商务交易情况篇

附　录

第1篇

批发和零售业企业基本情况及财务状况篇

A. 行业部分

1-A-1　批发业法人企业基本情况

分　组	法人单位数 (个)	从业人员期末人数 (人)
批发业	**39871**	**207471**
按国民经济行业分组		
农、林、牧、渔产品批发	6894	41422
谷物、豆及薯类批发	4317	27740
种子批发	1011	5889
畜牧渔业饲料批发	266	974
棉、麻批发	15	34
林业产品批发	340	1942
牲畜批发	149	769
渔业产品批发	46	180
其他农牧产品批发	750	3894
食品、饮料及烟草制品批发	4619	28594
米、面制品及食用油批发	1053	5924
糕点、糖果及糖批发	149	350
果品、蔬菜批发	477	4003
肉、禽、蛋、奶及水产品批发	377	2213
盐及调味品批发	172	1658
营养和保健品批发	155	497
酒、饮料及茶叶批发	543	2756
烟草制品批发	27	4934
其他食品批发	1666	6259
纺织、服装及家庭用品批发	2599	9335
纺织品、针织品及原料批发	187	726
服装批发	694	3004
鞋帽批发	56	242
化妆品及卫生用品批发	304	934
厨具卫具及日用杂品批发	525	1399
灯具、装饰物品批发	86	277
家用视听设备批发	68	360
日用家电批发	255	1035
其他家庭用品批发	424	1358
文化、体育用品及器材批发	921	3906
文具用品批发	465	1292
体育用品及器材批发	118	515
图书批发	106	907
报刊批发	NA	26

注：NA表示单位个数小于或等于3，下表同。

1-A-1 续表 1

分　组	法人单位数(个)	从业人员期末人数(人)
音像制品、电子和数字出版物批发	17	78
首饰、工艺品及收藏品批发	123	870
乐器批发	5	8
其他文化用品批发	85	210
医药及医疗器材批发	2419	19550
西药批发	429	10813
中药批发	171	2266
动物用药品批发	56	163
医疗用品及器材批发	1763	6308
矿产品、建材及化工产品批发	10546	64086
煤炭及制品批发	1833	8996
石油及制品批发	455	24544
非金属矿及制品批发	90	476
金属及金属矿批发	984	3435
建材批发	3307	10475
化肥批发	2097	9144
农药批发	838	2613
农用薄膜批发	10	22
其他化工产品批发	932	4381
机械设备、五金产品及电子产品批发	7644	27745
农业机械批发	1089	4985
汽车及零配件批发	679	2650
摩托车及零配件批发	18	55
五金产品批发	1777	4676
电气设备批发	420	1412
计算机、软件及辅助设备批发	782	2511
通讯设备批发	166	926
广播影视设备批发	20	341
其他机械设备及电子产品批发	2693	10189
贸易经纪与代理	1457	4268
贸易代理	1203	3507
一般物品拍卖	60	159
艺术品、收藏品拍卖	4	7
艺术品代理	NA	2
其他贸易经纪与代理	187	593
其他批发业	2772	8565
再生物资回收与批发	802	2655

1-A-1　续表 2

分　组	法人单位数（个）	从业人员期末人数（人）
宠物食品用品批发	16	31
互联网批发	97	175
其他未列明批发业	1857	5704
按登记注册类型分组		
内资企业	39820	206887
国有企业	285	8804
集体企业	243	2145
股份合作企业	48	157
联营企业	23	73
国有联营企业	5	22
集体联营企业	11	42
国有与集体联营企业		
其他联营企业	7	9
有限责任公司	5903	44520
国有独资公司	76	2705
其他有限责任公司	5827	41815
股份有限公司	661	25814
私营企业	30857	113681
私营独资企业	1686	5387
私营合伙企业	65	175
私营有限责任公司	28564	105933
私营股份有限公司	542	2186
其他企业	1800	11693
港、澳、台商投资企业	16	308
与港澳台商合资经营企业	NA	21
与港澳台商合作经营企业		
港澳台商独资经营企业	9	281
港澳台商投资股份有限公司	NA	1
其他港澳台投资企业	NA	5
外商投资企业	35	276
中外合资经营企业	7	9
中外合作经营企业	NA	19
外资企业	17	226
外商投资股份有限公司	NA	3
其他外商投资	6	19

1-A-2 限额以上批发业法人企业基本情况

分　组	法人单位数 (个)	从业人员期末人数 (人)
批发业	**568**	**36484**
按国民经济行业分组		
农、林、牧、渔产品批发	94	5627
谷物、豆及薯类批发	76	3262
种子批发	5	2040
畜牧渔业饲料批发	8	104
棉、麻批发		
林业产品批发	NA	20
牲畜批发		
渔业产品批发		
其他农牧产品批发	4	201
食品、饮料及烟草制品批发	76	7594
米、面制品及食用油批发	16	705
糕点、糖果及糖批发	NA	23
果品、蔬菜批发	7	433
肉、禽、蛋、奶及水产品批发	4	442
盐及调味品批发	8	263
营养和保健品批发	NA	9
酒、饮料及茶叶批发	8	987
烟草制品批发	18	4553
其他食品批发	11	179
纺织、服装及家庭用品批发	21	1206
纺织品、针织品及原料批发	NA	21
服装批发	7	677
鞋帽批发		
化妆品及卫生用品批发	NA	156
厨具卫具及日用杂品批发	NA	61
灯具、装饰物品批发		
家用视听设备批发	4	171
日用家电批发	6	120
其他家庭用品批发		
文化、体育用品及器材批发	9	593
文具用品批发	NA	107
体育用品及器材批发		
图书批发	NA	331
报刊批发		
音像制品、电子和数字出版物批发		
首饰、工艺品及收藏品批发	NA	148

1-A-2　续表 1

分　组	法人单位数（个）	从业人员期末人数（人）
乐器批发		
其他文化用品批发	NA	7
医药及医疗器材批发	92	4429
西药批发	76	3264
中药批发	10	970
动物用药品批发	NA	14
医疗用品及器材批发	5	181
矿产品、建材及化工产品批发	173	13785
煤炭及制品批发	19	905
石油及制品批发	29	10236
非金属矿及制品批发		
金属及金属矿批发	32	264
建材批发	40	552
化肥批发	21	1378
农药批发	NA	61
农用薄膜批发		
其他化工产品批发	29	389
机械设备、五金产品及电子产品批发	85	2790
农业机械批发	24	669
汽车及零配件批发	17	231
摩托车及零配件批发		
五金产品批发	4	53
电气设备批发	7	118
计算机、软件及辅助设备批发	10	322
通讯设备批发	NA	28
广播影视设备批发	NA	254
其他机械设备及电子产品批发	19	1115
贸易经纪与代理	9	101
贸易代理	8	95
一般物品拍卖		
艺术品、收藏品拍卖		
艺术品代理		
其他贸易经纪与代理	NA	6
其他批发业	9	359
再生物资回收与批发	NA	186
宠物食品用品批发		
互联网批发	NA	13
其他未列明批发业	6	160

1-A-2 续表 2

分　组	法人单位数（个）	从业人员期末人数（人）
按登记注册类型分组		
内资企业	564	36334
国有企业	31	5653
集体企业	4	348
股份合作企业		
联营企业		
国有联营企业		
集体联营企业		
国有与集体联营企业		
其他联营企业		
有限责任公司	219	13609
国有独资公司	16	1394
其他有限责任公司	203	12215
股份有限公司	34	9960
私营企业	276	6764
私营独资企业	NA	8
私营合伙企业		
私营有限责任公司	269	6567
私营股份有限公司	5	189
其他企业		
港、澳、台商投资企业		
与港澳台商合资经营企业		
与港澳台商合作经营企业		
港澳台商独资经营企业		
港澳台商投资股份有限公司		
其他港澳台投资企业		
外商投资企业	4	150
中外合资经营企业	NA	
中外合作经营企业		
外资企业	NA	150
外商投资股份有限公司		
其他外商投资		
按单位规模分组		
大型	31	17084
中型	158	12882
小型	253	4996
微型	126	1522

1-A-3 批发业法人企业财务状况

单位：万元

分 组	资产总计	负债合计	营业收入
批发业	**43349106.1**	**33518127.3**	**60219383.3**
按国民经济行业分组			
农、林、牧、渔产品批发	9712481.4	6995154.2	7226214.0
谷物、豆及薯类批发	8346371.4	6290464.2	6105859.5
种子批发	560121.0	200364.1	338549.8
畜牧渔业饲料批发	156599.0	113717.6	384576.8
棉、麻批发	982.8	298.1	1604.5
林业产品批发	84012.8	49259.0	66005.1
牲畜批发	48144.2	15252.5	21633.8
渔业产品批发	6751.2	2338.4	7468.4
其他农牧产品批发	509499.1	323460.4	300516.0
食品、饮料及烟草制品批发	8765589.3	7190613.5	5567089.4
米、面制品及食用油批发	3003299.7	2760530.6	1590471.2
糕点、糖果及糖批发	22302.4	37784.5	19429.0
果品、蔬菜批发	325930.0	208363.4	393142.6
肉、禽、蛋、奶及水产品批发	291284.5	188183.0	282663.1
盐及调味品批发	79736.5	49114.1	73050.8
营养和保健品批发	29182.2	15353.9	26176.9
酒、饮料及茶叶批发	323770.4	205841.8	200737.6
烟草制品批发	1549121.3	694158.8	2405949.4
其他食品批发	3140962.3	3031283.4	575468.8
纺织、服装及家庭用品批发	520871.6	367586.0	820333.4
纺织品、针织品及原料批发	37597.7	24257.7	74976.4
服装批发	169904.8	105169.6	219416.3
鞋帽批发	9460.0	6123.4	20461.1
化妆品及卫生用品批发	36121.1	27014.7	69459.5
厨具卫具及日用杂品批发	61686.8	59740.1	69013.5
灯具、装饰物品批发	15917.4	5389.3	19843.3
家用视听设备批发	17386.8	16445.9	50718.0
日用家电批发	97169.9	76610.8	196184.1
其他家庭用品批发	75627.1	46834.6	100261.2
文化、体育用品及器材批发	299112.4	191542.7	391886.3
文具用品批发	57018.6	37540.4	108764.5
体育用品及器材批发	23988.1	17948.6	38951.9
图书批发	135155.7	90555.4	110789.8
报刊批发	20048.4	13654.4	40122.2

1-A-3 续表 1

单位：万元

分组	资产总计	负债合计	营业收入
音像制品、电子和数字出版物批发	3660.8	1877.0	4312.0
首饰、工艺品及收藏品批发	46879.2	22984.0	71701.8
乐器批发	710.1	693.5	684.9
其他文化用品批发	11651.5	6289.6	16559.3
医药及医疗器材批发	2919734.4	2282527.2	3881789.1
西药批发	2047333.7	1697940.3	2672850.1
中药批发	304390.9	253660.4	584619.0
动物用药品批发	27676.6	7324.2	61868.4
医疗用品及器材批发	540333.1	323602.4	562451.6
矿产品、建材及化工产品批发	15972603.6	12885693.3	35712887.7
煤炭及制品批发	3750645.4	3063520.4	5202012.1
石油及制品批发	3330663.6	2375229.2	19126159.9
非金属矿及制品批发	85185.9	44457.8	88707.1
金属及金属矿批发	1117906.3	875092.5	3690764.3
建材批发	2906721.0	2465712.6	2671028.0
化肥批发	3488059.2	3074232.4	3385393.6
农药批发	134028.6	80421.0	117254.8
农用薄膜批发	463.4	55.8	618.5
其他化工产品批发	1158930.4	906971.5	1430949.4
机械设备、五金产品及电子产品批发	3415972.3	2334171.1	5369700.8
农业机械批发	517060.6	271155.5	617807.3
汽车及零配件批发	562668.9	491851.1	2829160.0
摩托车及零配件批发	5463.2	1663.5	1753.4
五金产品批发	356871.6	224247.2	449143.7
电气设备批发	93242.6	43226.7	112646.7
计算机、软件及辅助设备批发	201239.5	91233.6	232800.0
通讯设备批发	424000.9	292405.0	127192.3
广播影视设备批发	12627.2	2387.1	52226.6
其他机械设备及电子产品批发	1242797.8	916001.5	946970.9
贸易经纪与代理	935574.8	670141.0	403438.5
贸易代理	882922.2	642480.2	374730.7
一般物品拍卖	13560.9	8392.7	2051.5
艺术品、收藏品拍卖	246.5	139.6	22.5
艺术品代理	70.0	1.2	10.0
其他贸易经纪与代理	38775.3	19127.3	26623.8
其他批发业	807166.4	600698.4	846044.3
再生物资回收与批发	167711.7	110454.3	202347.8

1-A-3　续表 2　　单位：万元

分　　组	资产总计	负债合计	营业收入
宠物食品用品批发	547.8	83.9	164.1
互联网批发	25591.5	15623.9	29309.1
其他未列明批发业	613315.3	474536.3	614223.3
按登记注册类型分组			
内资企业	42834594.1	33093945.8	57638011.2
国有企业	2103063.9	1172413.6	6483644.1
集体企业	165616.8	93242.2	71140.6
股份合作企业	11259.0	6222.9	7904.2
联营企业	375.8	125.0	778.6
国有联营企业	80.6		330.6
集体联营企业	209.0	85.0	330.0
国有与集体联营企业			
其他联营企业	86.2	40.0	118.0
有限责任公司	23166783.6	20307100.2	25723981.4
国有独资公司	2841110.4	2637407.5	1104809.3
其他有限责任公司	20325673.2	17669692.6	24619172.2
股份有限公司	4684627.7	3429475.2	8676309.9
私营企业	12350064.7	8012245.0	16184999.7
私营独资企业	166194.5	45276.3	325872.4
私营合伙企业	2941.6	691.5	4577.7
私营有限责任公司	11743968.1	7638344.7	15615190.3
私营股份有限公司	436960.5	327932.7	239359.3
其他企业	352802.6	73121.8	489252.6
港、澳、台商投资企业	171362.6	147907.0	98386.4
与港澳台商合资经营企业	1929.8	1281.8	927.3
与港澳台商合作经营企业			
港澳台商独资经营企业	162224.4	139933.4	91417.1
港澳台商投资股份有限公司	5.0	0.2	
其他港澳台投资企业	7203.4	6691.7	6042.1
外商投资企业	343149.4	276274.5	2482985.7
中外合资经营企业	265148.1	262523.7	2329957.4
中外合作经营企业	727.3	257.0	578.9
外资企业	9489.1	3583.9	151904.5
外商投资股份有限公司	20.6	37.8	0.7
其他外商投资	67764.3	9872.1	544.3

1-A-4 限额以上批发业法人企业财务状况

单位：万元

分 组	资产总计	负债合计	营业收入
批发业	**18283335.7**	**15203750.1**	**33827905.4**
按国民经济行业分组			
农、林、牧、渔产品批发	4693192.9	4042679.4	2807459.4
谷物、豆及薯类批发	4267160.1	3769642.9	2318937.9
种子批发	229744.5	102456.0	165651.1
畜牧渔业饲料批发	51946.0	39570.2	231058.7
棉、麻批发			
林业产品批发	1755.0	526.5	3221.6
牲畜批发			
渔业产品批发			
其他农牧产品批发	142587.3	130483.8	88590.1
食品、饮料及烟草制品批发	4626311.5	3416418.0	4078596.6
米、面制品及食用油批发	2507196.4	2338747.7	1007953.8
糕点、糖果及糖批发	4321.3	3706.0	10985.4
果品、蔬菜批发	193759.3	150089.9	259394.9
肉、禽、蛋、奶及水产品批发	98004.2	32964.0	173138.6
盐及调味品批发	43704.3	15512.9	39440.2
营养和保健品批发	3078.1	2252.0	9663.4
酒、饮料及茶叶批发	209088.9	118446.4	127313.0
烟草制品批发	1533394.7	688989.4	2384634.1
其他食品批发	33764.3	65709.7	66073.2
纺织、服装及家庭用品批发	83534.6	75885.2	280409.2
纺织品、针织品及原料批发	1950.7	1794.6	15372.1
服装批发	26039.1	17702.1	81918.0
鞋帽批发			
化妆品及卫生用品批发	9236.1	4635.5	27243.2
厨具卫具及日用杂品批发	1476.1	1041.8	3096.8
灯具、装饰物品批发			
家用视听设备批发	8203.6	12424.7	41074.4
日用家电批发	36629.0	38286.5	111704.7
其他家庭用品批发			
文化、体育用品及器材批发	122180.6	77134.6	110632.6
文具用品批发	5442.2	3916.6	13983.5
体育用品及器材批发			
图书批发	103355.2	68286.3	77337.9
报刊批发			
音像制品、电子和数字出版物批发			
首饰、工艺品及收藏品批发	12554.5	4547.3	17083.3

1-A-4　续表 1

单位：万元

分　组	资产总计	负债合计	营业收入
乐器批发			
其他文化用品批发	828.7	384.4	2227.9
医药及医疗器材批发	1156254.9	973926.0	1428613.7
西药批发	886028.7	740769.6	913865.4
中药批发	229025.2	205710.0	463887.5
动物用药品批发	3944.9	3629.8	6110.1
医疗用品及器材批发	37256.1	23816.6	44750.7
矿产品、建材及化工产品批发	6673068.5	5868195.2	21904966.3
煤炭及制品批发	490092.9	361398.9	1729686.6
石油及制品批发	1954314.3	1636796.8	15284490.8
非金属矿及制品批发			
金属及金属矿批发	450457.9	424823.0	479272.9
建材批发	666411.9	566041.3	1109360.8
化肥批发	2939261.2	2716478.7	2704148.2
农药批发	2778.3	1049.5	9929.6
农用薄膜批发			
其他化工产品批发	169752.0	161607.0	588077.4
机械设备、五金产品及电子产品批发	800381.3	625526.0	2951108.7
农业机械批发	163471.5	120912.3	165933.1
汽车及零配件批发	338234.2	319904.7	2424850.6
摩托车及零配件批发			
五金产品批发	12575.7	11926.4	27510.3
电气设备批发	25591.6	14849.7	36609.4
计算机、软件及辅助设备批发	33464.4	12651.1	38787.1
通讯设备批发	1084.7	761.6	5548.5
广播影视设备批发	3634.6	1550.7	43748.8
其他机械设备及电子产品批发	222324.6	142969.5	208120.9
贸易经纪与代理	53677.7	50631.6	95855.2
贸易代理	52917.7	50154.6	89740.8
一般物品拍卖			
艺术品、收藏品拍卖			
艺术品代理			
其他贸易经纪与代理	760.0	477.0	6114.4
其他批发业	74733.7	73354.1	170263.7
再生物资回收与批发	16742.2	12444.3	10711.8
宠物食品用品批发			
互联网批发	20075.5	14175.2	24962.0
其他未列明批发业	37916.0	46734.6	134589.9

1-A-4 续表 2

单位：万元

分　组	资产总计	负债合计	营业收入
按登记注册类型分组			
内资企业	18014048.8	14940341.4	31348519.2
国有企业	1873036.6	881452.3	6313137.0
集体企业	13336.5	6854.8	31998.5
股份合作企业			
联营企业			
国有联营企业			
集体联营企业			
国有与集体联营企业			
其他联营企业			
有限责任公司	12785096.0	11524147.5	18551739.5
国有独资公司	2354703.7	2240871.7	478184.9
其他有限责任公司	10430392.3	9283275.8	18073554.6
股份有限公司	1445358.1	994248.7	2750620.4
私营企业	1897221.6	1533638.1	3701023.8
私营独资企业	11280.7	5157.1	85143.5
私营合伙企业			
私营有限责任公司	1849932.1	1511095.7	3599715.5
私营股份有限公司	36008.8	17385.3	16164.8
其他企业			
港、澳、台商投资企业			
与港澳台商合资经营企业			
与港澳台商合作经营企业			
港澳台商独资经营企业			
港澳台商投资股份有限公司			
其他港澳台投资企业			
外商投资企业	269286.9	263408.7	2479386.2
中外合资经营企业	262778.9	262420.7	2329498.2
中外合作经营企业			
外资企业	6508.0	988.0	149888.0
外商投资股份有限公司			
其他外商投资			
按单位规模分组			
大型	5396855.5	3906274.8	10130946.3
中型	9687715.8	8536792.5	18184906.2
小型	1247743.9	1004729.8	1980131.3
微型	1951020.5	1755953.0	3531921.6

1-A-5　零售业法人企业基本情况

分　组	法　人 单位数 (个)	从业人员 期末人数 (人)	年末零售 营业面积 (万平方米)
零售业	**29621**	**200438**	**1041.8**
按国民经济行业分组			
综合零售	2489	53682	346.8
百货零售	1372	32140	259.0
超级市场零售	149	16999	67.5
便利店零售	20	191	0.3
其他综合零售	948	4352	20.0
食品、饮料及烟草制品专门零售	2948	11926	61.8
粮油零售	608	2873	30.7
糕点、面包零售	44	360	0.7
果品、蔬菜零售	242	982	5.0
肉、禽、蛋、奶及水产品零售	249	1288	8.7
营养和保健品零售	226	829	2.1
酒、饮料及茶叶零售	329	1208	2.9
烟草制品零售	41	167	0.5
其他食品零售	1209	4219	11.3
纺织、服装及日用品专门零售	1814	14064	89.1
纺织品及针织品零售	108	415	8.4
服装零售	617	9423	70.5
鞋帽零售	47	553	1.0
化妆品及卫生用品零售	205	710	1.4
厨具卫具及日用杂品零售	138	487	1.1
钟表、眼镜零售	295	1243	3.5
箱包零售	11	19	
自行车等代步设备零售	18	59	0.2
其他日用品零售	375	1155	3.1
文化、体育用品及器材专门零售	957	6369	25.6
文具用品零售	320	742	1.7
体育用品及器材零售	121	1078	10.9
图书、报刊零售	147	2897	8.5
音像制品、电子和数字出版物零售	4	57	
珠宝首饰零售	144	920	2.0
工艺美术品及收藏品零售	119	331	1.8
乐器零售	23	49	0.2
照相器材零售	12	71	0.1
其他文化用品零售	67	224	0.4

1-A-5 续表 1

分　组	法　人 单位数 (个)	从业人员 期末人数 (人)	年末零售 营业面积 (万平方米)
医药及医疗器材专门零售	7399	42026	92.2
西药零售	5252	31697	70.0
中药零售	339	4601	7.1
动物用药品零售	279	896	2.1
医疗用品及器材零售	1492	4737	12.7
保健辅助治疗器材零售	37	95	0.3
汽车、摩托车、零配件和燃料及其他动力销售	5309	37154	237.0
汽车新车零售	2065	22786	135.0
汽车旧车零售	1115	2497	15.0
汽车零配件零售	895	3252	11.5
摩托车及零配件零售	72	235	1.0
机动车燃油零售	1063	7470	63.9
机动车燃气零售	91	841	6.6
机动车充电销售	8	73	4.1
家用电器及电子产品专门零售	2798	14441	55.7
家用视听设备零售	50	1022	3.0
日用家电零售	591	4789	35.4
计算机、软件及辅助设备零售	919	3580	7.6
通信设备零售	361	2164	4.2
其他电子产品零售	877	2886	5.5
五金、家具及室内装饰材料专门零售	2949	10017	61.1
五金零售	1444	4044	11.4
灯具零售	75	195	0.8
家具零售	244	2092	35.9
涂料零售	51	130	0.6
卫生洁具零售	28	142	0.2
木质装饰材料零售	100	362	0.8
陶瓷、石材装饰材料零售	126	270	1.1
其他室内装饰材料零售	881	2782	10.4
货摊、无店铺及其他零售业	2958	10759	72.4
流动货摊零售	NA		
互联网零售	394	1037	1.7
邮购及电视、电话零售	4	198	
自动售货机零售	5	19	
旧货零售	20	90	0.3

1-A-5　续表 2

分　组	法　人 单位数 (个)	从业人员 期末人数 (人)	年末零售 营业面积 (万平方米)
生活用燃料零售	752	3307	48.5
宠物食品用品零售	22	62	0.1
其他未列明零售业	1760	6046	21.6
按登记注册类型分组			
内资企业	29571	193790	996.4
国有企业	230	4970	18.5
集体企业	445	3964	21.1
股份合作企业	102	949	3.9
联营企业	43	736	4.4
国有联营企业	5	31	0.2
集体联营企业	21	509	3.3
国有与集体联营企业	6	10	
其他联营企业	11	186	0.9
有限责任公司	4344	57863	333.2
国有独资公司	54	1208	2.3
其他有限责任公司	4290	56655	330.9
股份有限公司	558	12012	67.5
私营企业	23685	112536	545.2
私营独资企业	3343	10097	62.0
私营合伙企业	94	427	3.7
私营有限责任公司	19790	99652	464.5
私营股份有限公司	458	2360	15.0
其他企业	164	760	2.6
港、澳、台商投资企业	29	5154	24.6
与港澳台商合资经营企业	5	944	4.8
与港澳台商合作经营企业			
港澳台商独资经营企业	20	3924	17.9
港澳台商投资股份有限公司	NA	17	
其他港澳台投资企业	NA	269	1.9
外商投资企业	21	1494	20.7
中外合资经营企业	NA	13	
中外合作经营企业			
外资企业	8	512	8.2
外商投资股份有限公司	4	309	11.7
其他外商投资	7	660	0.9

1-A-6 限额以上零售业法人企业基本情况

分组	法人单位数(个)	从业人员期末人数(人)	年末零售营业面积(万平方米)
零售业	**1113**	**88799**	**505.3**
按国民经济行业分组			
综合零售	194	40831	260.0
百货零售	128	24608	203.6
超级市场零售	55	15475	51.9
便利店零售			
其他综合零售	11	748	4.5
食品、饮料及烟草制品专门零售	42	1993	3.2
粮油零售	8	361	0.9
糕点、面包零售	NA	234	
果品、蔬菜零售	5	155	0.4
肉、禽、蛋、奶及水产品零售	5	540	0.6
营养和保健品零售	NA	66	0.1
酒、饮料及茶叶零售	8	313	0.2
烟草制品零售	NA	4	
其他食品零售	11	320	0.9
纺织、服装及日用品专门零售	59	6607	55.3
纺织品及针织品零售	NA	100	6.5
服装零售	49	6007	48.3
鞋帽零售	NA	165	0.2
化妆品及卫生用品零售	NA	209	0.2
厨具卫具及日用杂品零售			
钟表、眼镜零售	NA	119	0.2
箱包零售	NA	7	
自行车等代步设备零售			
其他日用品零售			
文化、体育用品及器材专门零售	74	3154	8.5
文具用品零售	NA	40	
体育用品及器材零售	5	598	1.5
图书、报刊零售	57	2286	6.7
音像制品、电子和数字出版物零售			
珠宝首饰零售	9	188	0.3
工艺美术品及收藏品零售			
乐器零售			
照相器材零售	NA	42	
其他文化用品零售			
医药及医疗器材专门零售	98	12332	21.9

1-A-6 续表 1

分 组	法 人 单位数 (个)	从业人员 期末人数 (人)	年末零售 营业面积 (万平方米)
西药零售	88	8907	15.8
中药零售	NA	3103	4.2
动物用药品零售			
医疗用品及器材零售	7	319	1.8
保健辅助治疗器材零售	NA	3	
汽车、摩托车、零配件和燃料及其他动力销售	480	16538	103.2
汽车新车零售	316	12971	78.4
汽车旧车零售	6	37	0.2
汽车零配件零售	14	321	1.8
摩托车及零配件零售	NA	28	0.1
机动车燃油零售	135	2802	21.4
机动车燃气零售	6	379	1.3
机动车充电销售			
家用电器及电子产品专门零售	93	4963	29.0
家用视听设备零售	8	887	2.6
日用家电零售	45	2616	24.6
计算机、软件及辅助设备零售	20	479	1.0
通信设备零售	13	797	0.7
其他电子产品零售	7	184	0.2
五金、家具及室内装饰材料专门零售	28	1355	20.5
五金零售	9	262	0.7
灯具零售			
家具零售	17	1082	19.8
涂料零售			
卫生洁具零售			
木质装饰材料零售			
陶瓷、石材装饰材料零售	NA	5	
其他室内装饰材料零售	NA	6	
货摊、无店铺及其他零售业	45	1026	3.8
流动货摊零售			
互联网零售	8	98	0.2
邮购及电视、电话零售	NA	180	
自动售货机零售			
旧货零售	NA	38	0.2
生活用燃料零售	24	571	1.6
宠物食品用品零售			
其他未列明零售业	11	139	1.8

1-A-6 续表 2

分　组	法　人 单位数 (个)	从业人员 期末人数 (人)	年末零售 营业面积 (万平方米)
按登记注册类型分组			
内资企业	1085	82586	469.3
国有企业	29	2096	7.0
集体企业	14	879	4.6
股份合作企业	9	416	1.8
联营企业	5	536	1.4
国有联营企业	NA	25	0.1
集体联营企业	NA	365	0.5
国有与集体联营企业			
其他联营企业	NA	146	0.8
有限责任公司	451	41559	253.3
国有独资公司	13	846	1.1
其他有限责任公司	438	40713	252.1
股份有限公司	57	8991	54.9
私营企业	517	28045	146.2
私营独资企业	40	611	4.6
私营合伙企业	9	111	1.7
私营有限责任公司	454	26641	135.3
私营股份有限公司	14	682	4.5
其他企业	NA	64	0.1
港、澳、台商投资企业	21	4804	23.3
与港澳台商合资经营企业	4	931	4.7
与港澳台商合作经营企业			
港澳台商独资经营企业	16	3641	16.6
港澳台商投资股份有限公司			
其他港澳台投资企业	NA	232	1.9
外商投资企业	7	1409	12.8
中外合资经营企业			
中外合作经营企业			
外资企业	4	509	8.2
外商投资股份有限公司	NA	272	3.7
其他外商投资	NA	628	0.9
按单位规模分组			
大型	40	26786	93.3
中型	323	48060	249.3
小型	510	12564	131.3
微型	240	1389	31.3

1-A-7　零售业法人企业财务状况

单位：万元

分　组	资产总计	负债合计	营业收入
零售业	**12607290.9**	**8324561.8**	**17924994.1**
按国民经济行业分组			
综合零售	3253926.2	2257605.4	3767551.4
百货零售	2600283.4	1768120.1	2353042.5
超级市场零售	558055.0	457228.3	1269158.0
便利店零售	5482.8	1726.3	4032.0
其他综合零售	90105.0	30530.8	141318.9
食品、饮料及烟草制品专门零售	470960.3	208516.4	495173.8
粮油零售	172572.9	87855.1	148829.8
糕点、面包零售	4848.8	1012.2	10660.9
果品、蔬菜零售	46068.9	11040.2	31890.9
肉、禽、蛋、奶及水产品零售	38500.6	12970.0	50822.2
营养和保健品零售	24082.2	6743.5	23665.5
酒、饮料及茶叶零售	58937.3	32526.0	54254.0
烟草制品零售	3635.7	1833.9	39789.6
其他食品零售	122313.9	54535.6	135260.9
纺织、服装及日用品专门零售	905544.7	663191.5	670291.3
纺织品及针织品零售	31636.2	33108.2	39541.8
服装零售	779514.4	580398.9	517754.4
鞋帽零售	13466.3	8421.1	16237.3
化妆品及卫生用品零售	12897.9	4551.8	19224.6
厨具卫具及日用杂品零售	15429.4	15569.1	16133.4
钟表、眼镜零售	23814.4	9183.0	33040.3
箱包零售	285.1	207.1	777.8
自行车等代步设备零售	1334.1	788.9	1989.3
其他日用品零售	27166.9	10963.4	25592.5
文化、体育用品及器材专门零售	535225.3	306934.8	382297.8
文具用品零售	26029.4	12273.4	23325.1
体育用品及器材零售	144982.1	91818.6	82519.2
图书、报刊零售	215755.2	114376.2	160784.0
音像制品、电子和数字出版物零售	1500.4	1560.2	1330.2
珠宝首饰零售	122279.6	75908.9	86799.2
工艺美术品及收藏品零售	10407.5	4820.7	5624.9
乐器零售	3171.9	1880.5	1780.8
照相器材零售	2715.4	1165.1	10858.2
其他文化用品零售	8383.8	3131.2	9276.2

1-A-7 续表 1

单位：万元

分组	资产总计	负债合计	营业收入
医药及医疗器材专门零售	1306498.0	807899.2	2041701.0
西药零售	661247.3	379310.8	1028090.8
中药零售	453741.7	327844.7	739156.9
动物用药品零售	8554.9	2720.7	11521.7
医疗用品及器材零售	181354.8	97172.8	260235.9
保健辅助治疗器材零售	1599.4	850.3	2695.7
汽车、摩托车、零配件和燃料及其他动力销售	3889091.4	2835332.2	8071395.7
汽车新车零售	2615474.8	2158837.4	4892198.8
汽车旧车零售	80726.3	34962.6	134962.7
汽车零配件零售	214281.2	123070.7	406685.2
摩托车及零配件零售	8495.7	5118.5	20076.3
机动车燃油零售	885819.3	479197.1	2527153.8
机动车燃气零售	81413.9	33827.7	89895.6
机动车充电销售	2880.3	318.2	423.2
家用电器及电子产品专门零售	854338.4	574246.8	1225296.8
家用视听设备零售	61845.6	65108.2	34014.2
日用家电零售	442623.6	337148.4	567834.5
计算机、软件及辅助设备零售	173226.8	79126.2	202229.4
通信设备零售	79929.9	45770.4	269797.0
其他电子产品零售	96712.4	47093.6	151421.7
五金、家具及室内装饰材料专门零售	654966.6	319756.0	499854.9
五金零售	239376.2	100319.3	234095.2
灯具零售	7683.7	5361.8	8950.2
家具零售	251081.2	156270.9	111596.6
涂料零售	4366.6	904.1	3556.6
卫生洁具零售	4555.5	758.4	14283.1
木质装饰材料零售	21350.4	12558.9	14437.3
陶瓷、石材装饰材料零售	11571.6	3424.9	15248.0
其他室内装饰材料零售	114981.4	40157.9	97687.9
货摊、无店铺及其他零售业	736740.0	351079.4	771431.4
流动货摊零售			
互联网零售	78479.1	59836.0	324324.3
邮购及电视、电话零售	11108.8	3635.2	4542.2
自动售货机零售	379.6	115.6	602.0
旧货零售	2016.7	286.4	9605.7

1-A-7 续表 2　　单位：万元

分　　组	资产总计	负债合计	营业收入
生活用燃料零售	293885.1	91960.8	133128.6
宠物食品用品零售	406.4	194.4	487.3
其他未列明零售业	350464.4	195050.9	298741.4
按登记注册类型分组			
内资企业	11887866.2	7813120.6	16305317.7
国有企业	463376.5	400358.6	310272.1
集体企业	109044.8	73421.2	100302.4
股份合作企业	27638.8	18049.8	39999.0
联营企业	20413.2	14045.2	70107.2
国有联营企业	746.9	53.9	8621.1
集体联营企业	3218.6	3054.7	26404.7
国有与集体联营企业	46.0	5.0	62.1
其他联营企业	16401.7	10931.5	35019.3
有限责任公司	4606419.7	3509978.7	6679750.2
国有独资公司	79772.1	24435.5	126034.6
其他有限责任公司	4526647.6	3485543.3	6553715.7
股份有限公司	1881291.6	1105933.0	2746116.6
私营企业	4763384.2	2688363.8	6342922.2
私营独资企业	205525.4	52944.2	263042.3
私营合伙企业	12000.3	5322.7	23902.8
私营有限责任公司	4431107.3	2561517.5	5940885.8
私营股份有限公司	114751.1	68579.3	115091.3
其他企业	16297.4	2970.4	15847.9
港、澳、台商投资企业	472026.6	380300.9	675462.8
与港澳台商合资经营企业	291204.3	230941.9	179249.1
与港澳台商合作经营企业			
港澳台商独资经营企业	173106.5	145092.0	481980.1
港澳台商投资股份有限公司	2844.9		959.9
其他港澳台投资企业	4871.0	4267.0	13273.8
外商投资企业	247398.0	131140.3	
中外合资经营企业	327.3	6.8	228.9
中外合作经营企业			
外资企业	91885.7	66113.4	116237.3
外商投资股份有限公司	86052.2	66782.6	49484.3
其他外商投资	69133.0	-1762.5	778263.1

1-A-8 限额以上零售业法人企业财务状况

单位：万元

分组	资产总计	负债合计	营业收入
零售业	**8471955.4**	**6353430.1**	**13430193.3**
按国民经济行业分组			
综合零售	2898921.2	2050932.8	3325000.8
百货零售	2424759.6	1673232.5	2184363.3
超级市场零售	457991.4	368751.8	1072160.7
便利店零售			
其他综合零售	16170.2	8948.5	68476.8
食品、饮料及烟草制品专门零售	107020.6	62508.6	126379.4
粮油零售	46544.1	31301.3	17572.7
糕点、面包零售	2789.4	158.7	8162.5
果品、蔬菜零售	10294.5	2242.6	7535.1
肉、禽、蛋、奶及水产品零售	8136.8	6821.0	31062.3
营养和保健品零售	2292.7	1731.3	6826.1
酒、饮料及茶叶零售	11508.9	6850.4	20001.7
烟草制品零售			1573.1
其他食品零售	25454.2	13403.3	33645.9
纺织、服装及日用品专门零售	614933.9	533092.2	435288.2
纺织品及针织品零售	20909.6	27969.1	26585.4
服装零售	580789.8	497430.8	383768.2
鞋帽零售	4893.5	3776.1	5817.0
化妆品及卫生用品零售	1574.2	1247.6	3421.0
厨具卫具及日用杂品零售			
钟表、眼镜零售	6616.4	2528.2	15131.6
箱包零售	150.4	140.4	565.0
自行车等代步设备零售			
其他日用品零售			
文化、体育用品及器材专门零售	388368.7	221783.7	250923.8
文具用品零售	2047.9	424.3	2778.5
体育用品及器材零售	122797.3	73941.2	55056.7
图书、报刊零售	182411.9	95449.0	126083.6
音像制品、电子和数字出版物零售			
珠宝首饰零售	79260.7	51304.2	57671.8
工艺美术品及收藏品零售			
乐器零售			
照相器材零售	1850.9	665.0	9333.2
其他文化用品零售			
医药及医疗器材专门零售	872019.5	626395.4	1405591.5

1-A-8　续表 1

单位：万元

分　组	资产总计	负债合计	营业收入
西药零售	362785.5	256348.6	560365.3
中药零售	432445.0	325290.1	718293.9
动物用药品零售			
医疗用品及器材零售	76099.8	44190.1	125914.7
保健辅助治疗器材零售	689.2	566.6	1017.6
汽车、摩托车、零配件和燃料及其他动力销售	2759464.5	2218787.8	6545262.4
汽车新车零售	1984249.3	1746835.2	3962825.4
汽车旧车零售	5681.2	3791.9	14913.4
汽车零配件零售	46376.3	34306.6	209373.3
摩托车及零配件零售	1808.2	423.3	11683.3
机动车燃油零售	670401.2	407093.4	2277762.0
机动车燃气零售	50948.3	26337.4	68705.0
机动车充电销售			
家用电器及电子产品专门零售	523210.2	426475.6	839902.4
家用视听设备零售	54893.4	62615.5	26222.7
日用家电零售	358736.5	291108.8	500747.7
计算机、软件及辅助设备零售	50584.0	28211.2	65183.8
通信设备零售	43558.7	32411.4	197942.5
其他电子产品零售	15437.6	12128.7	49805.7
五金、家具及室内装饰材料专门零售	160615.4	107175.6	122702.4
五金零售	26251.7	13333.4	40502.5
灯具零售			
家具零售	132758.0	92709.7	79406.6
涂料零售			
卫生洁具零售			
木质装饰材料零售			
陶瓷、石材装饰材料零售	1321.0	1108.5	1419.7
其他室内装饰材料零售	284.7	24.0	1373.6
货摊、无店铺及其他零售业	147401.4	106278.4	379142.4
流动货摊零售			
互联网零售	59190.5	55156.3	298352.6
邮购及电视、电话零售	9967.4	3064.8	3323.1
自动售货机零售			
旧货零售	574.0	215.0	8750.0
生活用燃料零售	50494.0	31015.4	44219.1
宠物食品用品零售			
其他未列明零售业	27175.5	16826.9	24497.6

1-A-8 续表 2

单位：万元

分 组	资产总计	负债合计	营业收入
按登记注册类型分组			
内资企业	7778854.9	5864253.1	11980079.1
国有企业	375522.7	345056.9	183543.1
集体企业	20714.9	19689.7	53731.3
股份合作企业	16504.9	12906.1	28491.1
联营企业	17784.1	11450.3	66825.2
国有联营企业	727.9	53.9	8577.7
集体联营企业	975.0	560.0	23828.7
国有与集体联营企业			
其他联营企业	16081.2	10836.4	34418.8
有限责任公司	3754434.1	2994407.2	5761323.8
国有独资公司	54761.7	9494.4	101815.1
其他有限责任公司	3699672.4	2984912.8	5659508.7
股份有限公司	1762321.8	1047427.5	2612929.4
私营企业	1828755.3	1432262.8	3269666.9
私营独资企业	28815.1	16355.5	57214.0
私营合伙企业	4364.2	2722.4	13203.9
私营有限责任公司	1737281.0	1366433.5	3145259.7
私营股份有限公司	58295.0	46751.4	53989.3
其他企业	2817.1	1052.6	3568.3
港、澳、台商投资企业	453042.8	367645.4	511417.1
与港澳台商合资经营企业	290692.7	230441.5	179228.4
与港澳台商合作经营企业			
港澳台商独资经营企业	157944.2	133351.3	319717.6
港澳台商投资股份有限公司			
其他港澳台投资企业	4405.9	3852.6	12471.1
外商投资企业	240057.7	121531.6	938697.1
中外合资经营企业			
中外合作经营企业			
外资企业	91675.6	65975.0	116207.1
外商投资股份有限公司	80711.5	58199.1	45208.4
其他外商投资	67670.6	-2642.5	777281.6
按单位规模分组			
大型	2622533.4	1803663.9	4725435.7
中型	4218597.6	3287912.2	5698721.3
小型	1371707.1	1031771.3	2231935.0
微型	259117.3	230082.7	774101.3

B. 地区部分

1-B-1　分地区批发业法人企业基本情况

地　区	法人单位数 (个)	从业人员期末人数 (人)
全　省	**39871**	**207471**
哈尔滨	18358	102472
齐齐哈尔	2691	14016
鸡　西	1304	8836
鹤　岗	725	3003
双鸭山	1572	5893
大　庆	3886	14503
伊　春	437	1700
佳木斯	2968	11271
七台河	249	1648
牡丹江	4082	24545
黑　河	1454	6826
绥　化	1815	11376
大兴安岭	330	1382

1-B-2　分地区批发业法人企业基本情况(按国民经济行业分)

(农、林、牧、渔产品批发)

地　区	法人单位数 (个)	从业人员期末人数 (人)
全　省	**6894**	**41422**
哈尔滨	2049	13172
齐齐哈尔	747	4573
鸡　西	275	2759
鹤　岗	75	351
双鸭山	504	2052
大　庆	545	3131
伊　春	46	163
佳木斯	730	2754
七台河	50	245
牡丹江	711	5782
黑　河	501	2625
绥　化	582	3363
大兴安岭	79	452

1-B-2 续表 1

(食品、饮料及烟草制品批发)

地　区	法人单位数 (个)	从业人员期末人数 (人)
全　省	**4619**	**28594**
哈 尔 滨	2171	11163
齐齐哈尔	234	1822
鸡　西	102	915
鹤　岗	98	705
双 鸭 山	128	868
大　庆	428	1694
伊　春	60	328
佳 木 斯	285	1558
七 台 河	29	306
牡 丹 江	759	6257
黑　河	146	1213
绥　化	150	1592
大兴安岭	29	173

1-B-2 续表 2

(纺织服装及家庭用品批发)

地　区	法人单位数 (个)	从业人员期末人数 (人)
全　省	**2599**	**9335**
哈 尔 滨	1801	7111
齐齐哈尔	113	544
鸡　西	34	49
鹤　岗	32	50
双 鸭 山	32	57
大　庆	225	511
伊　春	9	16
佳 木 斯	85	202
七 台 河	NA	2
牡 丹 江	216	629
黑　河	13	13
绥　化	36	150
大兴安岭	NA	1

1-B-2　续表 3

(文化、体育用品及器材批发)

地　区	法人单位数(个)	从业人员期末人数(人)
全　省	**921**	**3906**
哈尔滨	708	3180
齐齐哈尔	32	154
鸡　西	4	4
鹤　岗	8	12
双鸭山	7	17
大　庆	67	194
伊　春	5	98
佳木斯	30	63
七台河	NA	23
牡丹江	34	83
黑　河	7	13
绥　化	13	57
大兴安岭	4	8

1-B-2　续表 4

(医药及医疗器材批发)

地　区	法人单位数(个)	从业人员期末人数(人)
全　省	**2419**	**19550**
哈尔滨	1634	13693
齐齐哈尔	158	1157
鸡　西	20	789
鹤　岗	38	139
双鸭山	19	247
大　庆	174	829
伊　春	17	73
佳木斯	124	703
七台河	7	51
牡丹江	117	1019
黑　河	28	197
绥　化	78	646
大兴安岭	5	7

1-B-2 续表 5

(矿产品、建材及化工产品批发)

地　区	法人单位数(个)	从业人员期末人数(人)
全　省	**10546**	**64086**
哈尔滨	3927	30407
齐齐哈尔	744	3846
鸡　西	636	3511
鹤　岗	300	1409
双鸭山	621	2019
大　庆	867	4013
伊　春	186	705
佳木斯	865	3777
七台河	118	835
牡丹江	1052	6622
黑　河	374	1720
绥　化	699	4588
大兴安岭	157	634

1-B-2 续表 6

(机械设备、五金产品及电子产品批发)

地　区	法人单位数(个)	从业人员期末人数(人)
全　省	**7644**	**27745**
哈尔滨	4354	17746
齐齐哈尔	445	1334
鸡　西	163	556
鹤　岗	99	169
双鸭山	180	453
大　庆	1250	3458
伊　春	41	84
佳木斯	499	1160
七台河	16	48
牡丹江	314	1649
黑　河	137	439
绥　化	121	602
大兴安岭	25	47

1-B-2　续表 7

(贸易经纪与代理)

地　　区	法人单位数 (个)	从业人员期末人数 (人)
全　　省	**1457**	**4268**
哈 尔 滨	417	1442
齐齐哈尔	72	211
鸡　　西	30	114
鹤　　岗	37	72
双 鸭 山	34	53
大　　庆	111	169
伊　　春	26	54
佳 木 斯	187	711
七 台 河	NA	5
牡 丹 江	341	955
黑　　河	172	422
绥　　化	25	60
大兴安岭	NA	

1-B-2　续表 8

(其他批发业)

地　　区	法人单位数 (个)	从业人员期末人数 (人)
全　　省	**2772**	**8565**
哈 尔 滨	1297	4558
齐齐哈尔	146	375
鸡　　西	40	139
鹤　　岗	38	96
双 鸭 山	47	127
大　　庆	219	504
伊　　春	47	179
佳 木 斯	163	343
七 台 河	24	133
牡 丹 江	538	1549
黑　　河	76	184
绥　　化	111	318
大兴安岭	26	60

1-B-3 分地区批发业法人企业基本情况(按登记注册类型分)

(内资企业)

地 区	法人单位数 (个)	从业人员期末人数 (人)
全 省	**39820**	**206887**
哈尔滨	18335	102094
齐齐哈尔	2690	14013
鸡 西	1304	8836
鹤 岗	725	3003
双鸭山	1572	5893
大 庆	3883	14503
伊 春	437	1700
佳木斯	2966	11267
七台河	249	1648
牡丹江	4067	24386
黑 河	1450	6814
绥 化	1813	11362
大兴安岭	329	1368

1-B-3 续表 1

(国有企业)

地 区	法人单位数 (个)	从业人员期末人数 (人)
全 省	**285**	**8804**
哈尔滨	77	2407
齐齐哈尔	12	390
鸡 西	37	737
鹤 岗	9	250
双鸭山	9	277
大 庆	19	1218
伊 春	8	221
佳木斯	20	752
七台河	NA	196
牡丹江	18	1256
黑 河	19	481
绥 化	39	470
大兴安岭	15	149

1-B-3　续表 2

(集体企业)

地　区	法人单位数(个)	从业人员期末人数(人)
全　省	**243**	**2145**
哈尔滨	86	651
齐齐哈尔	34	184
鸡　西	22	333
鹤　岗	7	8
双鸭山	6	36
大　庆	17	46
伊　春	NA	5
佳木斯	25	571
七台河	NA	22
牡丹江	18	107
黑　河	11	73
绥　化	13	101
大兴安岭	NA	8

1-B-3　续表 3

(股份合作企业)

地　区	法人单位数(个)	从业人员期末人数(人)
全　省	**48**	**157**
哈尔滨	17	56
齐齐哈尔	14	31
鸡　西	NA	14
鹤　岗	4	9
双鸭山	NA	3
大　庆	4	19
伊　春		
佳木斯	NA	13
七台河		
牡丹江	NA	5
黑　河	NA	5
绥　化	NA	2
大兴安岭	NA	

1-B-3 续表 4

(联营企业)

地 区	法人单位数 (个)	从业人员期末人数 (人)
全 省	**23**	**73**
哈尔滨	9	26
齐齐哈尔		
鸡 西	NA	19
鹤 岗	NA	
双鸭山		
大 庆	NA	1
伊 春		
佳木斯	NA	5
七台河		
牡丹江		
黑 河	4	8
绥 化	NA	14
大兴安岭	NA	

1-B-3 续表 5

(有限责任公司)

地 区	法人单位数 (个)	从业人员期末人数 (人)
全 省	**5903**	**44520**
哈尔滨	3802	27269
齐齐哈尔	355	3431
鸡 西	201	2545
鹤 岗	165	752
双鸭山	99	760
大 庆	316	1555
伊 春	57	337
佳木斯	181	1660
七台河	18	62
牡丹江	334	2867
黑 河	124	780
绥 化	231	2299
大兴安岭	20	203

1-B-3　续表 6

(股份有限公司)

地　区	法人单位数 (个)	从业人员期末人数 (人)
全　省	**661**	**25814**
哈尔滨	397	17028
齐齐哈尔	44	2015
鸡　西	18	852
鹤　岗	9	361
双鸭山	17	732
大　庆	33	1017
伊　春	9	325
佳木斯	35	696
七台河	10	363
牡丹江	34	302
黑　河	20	322
绥　化	31	1631
大兴安岭	4	170

1-B-3　续表 7

(私营企业)

地　区	法人单位数 (个)	从业人员期末人数 (人)
全　省	**30857**	**113681**
哈尔滨	12968	49957
齐齐哈尔	2165	7702
鸡　西	1005	4257
鹤　岗	516	1603
双鸭山	1369	3878
大　庆	3468	10566
伊　春	358	804
佳木斯	2461	6762
七台河	196	915
牡丹江	3368	14611
黑　河	1245	5003
绥　化	1460	6791
大兴安岭	278	832

1-B-3 续表 8

(其他企业)

地　区	法人单位数 (个)	从业人员期末人数 (人)
全　省	**1800**	**11693**
哈 尔 滨	979	4700
齐齐哈尔	66	260
鸡　西	17	79
鹤　岗	14	20
双 鸭 山	71	207
大　庆	25	81
伊　春	4	8
佳 木 斯	240	808
七 台 河	20	90
牡 丹 江	294	5238
黑　河	26	142
绥　化	35	54
大兴安岭	9	6

1-B-3 续表 9

(港、澳、台商投资企业)

地　区	法人单位数 (个)	从业人员期末人数 (人)
全　省	**16**	**308**
哈 尔 滨	14	301
齐齐哈尔		
鸡　西		
鹤　岗		
双 鸭 山		
大　庆		
伊　春		
佳 木 斯		
七 台 河		
牡 丹 江	NA	5
黑　河		
绥　化	NA	2
大兴安岭		

1-B-3　续表 10

(外商投资企业)

地　区	法人单位数（个）	从业人员期末人数（人）
全　省	**35**	**276**
哈尔滨	9	77
齐齐哈尔	NA	3
鸡　西		
鹤　岗		
双鸭山		
大　庆	NA	
伊　春		
佳木斯	NA	4
七台河		
牡丹江	14	154
黑　河	4	12
绥　化	NA	12
大兴安岭	NA	14

1-B-4　分地区批发业法人企业财务状况

单位：万元

地　区	资产总计	负债合计	营业收入
全　省	**43349106.1**	**33518127.3**	**60219383.3**
哈尔滨	22792061.6	18396848.6	26624041.4
齐齐哈尔	2727668.6	1877790.2	2844543.0
鸡　西	3171936.3	2669627.4	1226909.9
鹤　岗	453848.3	345291.3	360852.9
双鸭山	877944.5	640171.0	704862.1
大　庆	4261012.9	3458435.9	16909118.7
伊　春	100692.1	44671.9	183758.4
佳木斯	813008.2	406933.9	1032825.2
七台河	229989.4	110855.5	305265.4
牡丹江	5581124.6	4309223.8	6564784.0
黑　河	749815.7	402412.6	1135663.7
绥　化	1309330.4	677484.4	2096455.6
大兴安岭	280673.5	178380.8	230303.1

1-B-5 分地区批发业法人企业财务状况(按国民经济行业分)

(农、林、牧、渔产品批发) 单位：万元

地 区	资产总计	负债合计	营业收入
全 省	**9712481.4**	**6995154.2**	**7226214.0**
哈尔滨	2656133.1	1890868.2	2850844.9
齐齐哈尔	1731498.3	1211868.3	1497169.1
鸡 西	2460135.1	2205458.9	491006.0
鹤 岗	47443.8	33176.4	52578.5
双鸭山	438207.3	322189.5	377972.2
大 庆	992222.3	769313.1	514898.0
伊 春	4248.1	646.6	5203.9
佳木斯	301828.0	81645.3	152768.2
七台河	21522.2	6377.6	6937.7
牡丹江	423506.5	216716.2	462164.9
黑 河	276751.9	144007.4	455398.7
绥 化	338260.1	107243.3	348189.8
大兴安岭	20724.6	5643.5	11082.2

1-B-5 续表 1

(食品、饮料及烟草制品批发) 单位：万元

地 区	资产总计	负债合计	营业收入
全 省	**8765589.3**	**7190613.5**	**5567089.4**
哈尔滨	6558193.5	5956542.9	2714731.2
齐齐哈尔	361752.0	204979.8	485744.9
鸡 西	243467.7	158706.1	203838.8
鹤 岗	57730.2	27417.3	85144.2
双鸭山	248462.4	197313.3	114700.2
大 庆	228308.6	105218.6	274960.8
伊 春	32112.0	8722.7	60988.3
佳木斯	159228.5	76363.1	258952.9
七台河	33073.0	9926.6	62161.6
牡丹江	541531.6	271533.9	773858.6
黑 河	135823.7	91062.4	168589.5
绥 化	157605.6	78032.8	335466.2
大兴安岭	8300.4	4794.1	27952.1

1-B-5　续表 2

(纺织、服装及家庭用品批发)　　单位：万元

地　区	资产总计	负债合计	营业收入
全　省	**520871.6**	**367586.0**	**820333.4**
哈尔滨	432442.7	312536.9	721446.2
齐齐哈尔	11857.0	10391.7	7186.8
鸡　西	585.8	63.5	1364.3
鹤　岗	1303.1	179.5	3906.5
双鸭山	1150.5	305.7	670.6
大　庆	31994.6	21998.7	37588.6
伊　春	686.8	218.0	746.4
佳木斯	8264.7	3016.7	5014.6
七台河	105.2	104.7	83.0
牡丹江	30028.0	18443.5	37711.2
黑　河	111.6	94.4	708.6
绥　化	2321.7	232.7	3896.6
大兴安岭	20.0		10.0

1-B-5　续表 3

(文化、体育用品及器材批发)　　单位：万元

地　区	资产总计	负债合计	营业收入
全　省	**299112.4**	**191542.7**	**391886.3**
哈尔滨	272062.7	179963.4	369377.8
齐齐哈尔	2726.2	1623.0	2092.6
鸡　西	183.0	77.6	128.8
鹤　岗	1292.2		274.7
双鸭山	672.8	133.5	308.4
大　庆	9491.9	3542.0	11611.9
伊　春	4602.8	3475.6	2268.8
佳木斯	1168.7	580.6	1574.3
七台河	335.7	63.0	129.8
牡丹江	1563.9	523.6	2917.3
黑　河	190.8	14.8	149.6
绥　化	4689.2	1540.6	965.5
大兴安岭	132.5	5.0	87.0

1-B-5 续表 4

(医药及医疗器材批发) 单位：万元

地　区	资产总计	负债合计	营业收入
全　省	**2919734.4**	**2282527.2**	**3881789.1**
哈 尔 滨	2184374.8	1711786.1	3171128.3
齐齐哈尔	225987.5	182981.4	172303.9
鸡　西	38879.8	35941.5	21503.0
鹤　岗	27157.7	24238.6	11459.1
双 鸭 山	1487.0	662.9	3958.8
大　庆	88578.9	66413.2	113468.7
伊　春	8689.3	6116.9	3215.7
佳 木 斯	52203.4	24128.1	60450.9
七 台 河	7906.5	7242.4	7072.3
牡 丹 江	216349.0	174002.9	193318.3
黑　河	6841.3	4962.7	4279.3
绥　化	61269.2	44050.6	119570.0
大兴安岭	10.0		61.0

1-B-5 续表 5

(矿产品、建材及化工产品批发) 单位：万元

地　区	资产总计	负债合计	营业收入
全　省	**15972603.6**	**12885693.3**	**35712887.7**
哈 尔 滨	7552186.6	6139188.4	13967401.9
齐齐哈尔	287956.4	202748.4	570613.0
鸡　西	377322.2	249428.2	464080.7
鹤　岗	301124.3	247759.9	199538.8
双 鸭 山	149306.4	95661.7	187477.2
大　庆	2330367.6	2028464.9	13344679.5
伊　春	40061.2	21868.9	93693.3
佳 木 斯	157416.5	107210.6	371689.9
七 台 河	118795.2	66884.7	178226.8
牡 丹 江	3516686.6	3060866.8	4615918.1
黑　河	210954.5	75375.2	321608.3
绥　化	683280.1	423269.8	1210550.3
大兴安岭	247146.0	166965.8	187409.9

1-B-5　续表 6

(机械设备、五金产品及电子产品批发)　单位：万元

地　区	资产总计	负债合计	营业收入
全　省	**3415972.3**	**2334171.1**	**5369700.8**
哈尔滨	2426689.3	1652202.0	2318894.2
齐齐哈尔	71381.5	34935.2	86507.3
鸡　西	41497.7	16655.4	36591.8
鹤　岗	12139.0	10128.4	6311.7
双鸭山	29694.5	20227.9	18641.7
大　庆	532468.9	433071.5	2573590.2
伊　春	2408.5	751.9	5186.2
佳木斯	43986.1	16430.6	59260.1
七台河	9601.1	5505.6	2632.4
牡丹江	169741.4	102566.2	126963.6
黑　河	37286.4	19951.2	66392.7
绥　化	37483.0	21077.9	65902.9
大兴安岭	1594.8	667.1	2826.0

1-B-5　续表 7

(贸易经纪与代理)　单位：万元

地　区	资产总计	负债合计	营业收入
全　省	**935574.8**	**670141.0**	**403438.5**
哈尔滨	356773.7	284830.9	108217.1
齐齐哈尔	17239.8	18116.1	12242.5
鸡　西	8631.8	3057.2	6782.1
鹤　岗	4250.3	2371.5	670.0
双鸭山	4051.7	3021.3	523.8
大　庆	10671.4	8741.6	3975.9
伊　春	5265.0	2409.7	923.3
佳木斯	76700.0	92667.1	117246.1
七台河	1.5		8.1
牡丹江	361000.3	192928.3	75432.8
黑　河	73517.0	61473.3	75600.8
绥　化	17472.4	524.1	1815.9
大兴安岭			

1-B-5 续表 8

(其他批发业) 单位：万元

地　区	资产总计	负债合计	营业收入
全　省	**807166.4**	**600698.4**	**846044.3**
哈尔滨	353205.3	268929.9	402000.0
齐齐哈尔	17269.8	10146.4	10682.8
鸡　西	1233.2	238.9	1614.3
鹤　岗	1407.6	19.8	969.7
双鸭山	4911.9	655.2	609.2
大　庆	36908.8	21672.3	34345.1
伊　春	2618.3	461.7	11532.5
佳木斯	12212.3	4891.7	5868.3
七台河	38649.1	14751.0	48013.7
牡丹江	320717.4	271642.4	276499.2
黑　河	8338.5	5471.2	42936.1
绥　化	6949.0	1512.6	10098.4
大兴安岭	2745.2	305.3	874.9

1-B-6 分地区批发业法人企业财务状况(按登记注册类型分)

(内资企业) 单位：万元

地　区	资产总计	负债合计	营业收入
全　省	**42834594.1**	**33093945.8**	**57638011.2**
哈尔滨	22674093.3	18343414.9	26523660.6
齐齐哈尔	2726878.6	1877370.5	2841292.7
鸡　西	3171936.3	2669627.4	1226909.9
鹤　岗	453848.3	345291.3	360852.9
双鸭山	877944.5	640171.0	704862.1
大　庆	3998234.0	3196015.2	14579620.5
伊　春	100692.1	44671.9	183758.4
佳木斯	811717.6	406859.9	1032813.5
七台河	229989.4	110855.5	305265.4
牡丹江	5450588.7	4201677.0	6417460.6
黑　河	749626.4	402364.5	1135549.8
绥　化	1308980.4	677484.4	2096185.6
大兴安岭	280064.5	178142.3	229779.2

1-B-6　续表 1

(国有企业)　　单位：万元

地　区	资产总计	负债合计	营业收入
全　省	**2103063.9**	**1172413.6**	**6483644.1**
哈尔滨	857781.3	501129.8	2152477.2
齐齐哈尔	185955.8	90328.9	384776.8
鸡　西	76449.7	31294.9	132074.9
鹤　岗	34434.0	13392.1	71044.3
双鸭山	41678.2	15639.5	94654.8
大　庆	321340.7	227352.4	2742719.2
伊　春	30316.8	8505.9	57613.0
佳木斯	79819.2	34655.3	178521.7
七台河	25813.8	7742.9	54305.5
牡丹江	289263.6	159966.5	251206.1
黑　河	47738.7	23971.6	95695.8
绥　化	104860.9	54420.3	241089.9
大兴安岭	7611.2	4013.5	27464.9

1-B-6　续表 2

(集体企业)　　单位：万元

地　区	资产总计	负债合计	营业收入
全　省	**165616.8**	**93242.2**	**71140.6**
哈尔滨	130123.0	77186.8	19841.6
齐齐哈尔	4118.2	3185.6	3930.4
鸡　西	4131.9	680.0	8744.4
鹤　岗	3.0		24.6
双鸭山	917.6	344.8	476.5
大　庆	1961.9	597.9	751.7
伊　春	26.0		20.0
佳木斯	12087.3	5475.7	25733.2
七台河	150.0		290.0
牡丹江	3967.7	1094.0	3645.6
黑　河	4474.9	2463.6	5186.9
绥　化	3531.9	2213.9	1473.9
大兴安岭	123.4		1022.0

1-B-6 续表 3

(股份合作企业)　　单位：万元

地　区	资产总计	负债合计	营业收入
全　省	**11259.0**	**6222.9**	**7904.2**
哈尔滨	4408.0	2528.1	5900.9
齐齐哈尔	246.9	234.2	640.0
鸡　西	193.6	63.2	96.4
鹤　岗	176.1	12.0	166.5
双鸭山	30.0	5.0	16.0
大　庆	1463.0	950.4	413.1
伊　春			
佳木斯	316.4	33.7	293.0
七台河			
牡丹江	142.8	106.0	87.2
黑　河	4237.2	2284.3	261.2
绥　化	45.0	6.0	30.0
大兴安岭			

1-B-6 续表 4

(联营企业)　　单位：万元

地　区	资产总计	负债合计	营业收入
全　省	**375.8**	**125.0**	**778.6**
哈尔滨	122.8	40.0	238.1
齐齐哈尔			
鸡　西			155.0
鹤　岗			
双鸭山			
大　庆	3.0		3.0
伊　春			
佳木斯	90.0	20.0	70.0
七台河			
牡丹江			
黑　河	80.0		277.6
绥　化	80.0	65.0	35.0
大兴安岭			

1-B-6　续表 5

(有限责任公司)　　单位：万元

地　区	资产总计	负债合计	营业收入
全　省	**23166783.6**	**20307100.2**	**25723981.4**
哈尔滨	13459394.9	12137356.4	10823306.3
齐齐哈尔	1601656.5	1218824.1	1305788.5
鸡　西	2468110.6	2329697.3	420243.0
鹤　岗	101083.6	68158.2	94327.9
双鸭山	476093.8	395600.6	279192.8
大　庆	2290684.1	2099951.8	10154964.5
伊　春	27335.8	7829.0	27984.5
佳木斯	182760.8	83782.3	117741.5
七台河	20360.6	3263.8	4415.8
牡丹江	1868422.9	1552581.5	1529083.2
黑　河	191859.6	126789.8	218097.3
绥　化	403174.1	217148.9	700314.0
大兴安岭	75846.5	66116.6	48522.2

1-B-6　续表 6

(股份有限公司)　　单位：万元

地　区	资产总计	负债合计	营业收入
全　省	**4684627.7**	**3429475.2**	**8676309.9**
哈尔滨	3795127.0	2791451.8	6754561.9
齐齐哈尔	147128.4	137363.1	294185.6
鸡　西	73544.6	45398.4	190266.7
鹤　岗	29512.8	22386.3	85772.2
双鸭山	37887.3	29534.3	123022.9
大　庆	110244.6	94687.7	402806.2
伊　春	14825.3	17945.4	68157.6
佳木斯	36953.1	41368.5	163083.4
七台河	40364.6	33443.4	120147.6
牡丹江	66033.8	51170.4	37631.7
黑　河	125753.2	48456.6	156548.5
绥　化	94989.0	45500.5	238630.7
大兴安岭	112264.1	70768.8	41495.1

1-B-6 续表 7

(私营企业) 单位：万元

地 区	资产总计	负债合计	营业收入
全 省	**12350064.7**	**8012245.0**	**16184999.7**
哈尔滨	4274759.2	2794328.6	6525663.3
齐齐哈尔	767130.9	423692.8	837020.6
鸡 西	543634.7	260386.5	469692.0
鹤 岗	286880.8	241142.7	108695.9
双鸭山	314789.3	198519.7	201158.9
大 庆	1270453.9	772383.5	1273355.2
伊 春	27799.1	10391.5	29879.9
佳木斯	465733.2	236967.9	529600.5
七台河	139183.5	64539.5	124249.1
牡丹江	3103062.7	2416295.2	4407418.8
黑 河	370835.0	198280.2	653030.4
绥 化	701729.7	358083.4	914027.4
大兴安岭	84072.7	37233.5	111207.7

1-B-6 续表 8

(其他企业) 单位：万元

地 区	资产总计	负债合计	营业收入
全 省	**352802.6**	**73121.8**	**489252.6**
哈尔滨	152377.1	39393.4	241671.3
齐齐哈尔	20641.9	3741.9	14950.8
鸡 西	5871.3	2107.1	5637.7
鹤 岗	1758.0	200.0	821.5
双鸭山	6548.4	527.1	6340.3
大 庆	2082.8	91.5	4607.7
伊 春	389.1	0.1	103.4
佳木斯	33957.7	4556.4	17770.3
七台河	4117.0	1866.0	1857.6
牡丹江	119695.2	20463.5	188388.0
黑 河	4647.8	118.4	6452.1
绥 化	569.8	46.3	584.7
大兴安岭	146.5	10.0	67.2

1-B-6　续表 9

(港、澳、台商投资企业)　　单位：万元

地　区	资产总计	负债合计	营业收入
全　省	**171362.6**	**147907.0**	**98386.4**
哈尔滨	46767.4	40965.6	97707.8
齐齐哈尔			
鸡　西			
鹤　岗			
双鸭山			
大　庆			
伊　春			
佳木斯			
七台河			
牡丹江	124295.2	106941.4	628.6
黑　河			
绥　化	300.0		50.0
大兴安岭			

1-B-6　续表 10

(外商投资企业)　　单位：万元

地　区	资产总计	负债合计	营业收入
全　省	**343149.4**	**276274.5**	**2482985.7**
哈尔滨	71201.0	12468.2	2673.0
齐齐哈尔	790.0	419.7	3250.3
鸡　西			
鹤　岗			
双鸭山			
大　庆	262778.9	262420.7	2329498.2
伊　春			
佳木斯	1290.5	74.0	11.6
七台河			
牡丹江	6240.8	605.4	146694.8
黑　河	189.3	48.1	113.9
绥　化	50.0		220.0
大兴安岭	609.0	238.5	523.9

1-B-7　分地区零售业法人企业基本情况

地　区	法人单位数 (个)	从业人员期末人数 (人)	年末零售营业面积 (万平方米)
全　省	**29621**	**200438**	**1041.8**
哈尔滨	10539	76893	365.8
齐齐哈尔	2530	13954	85.1
鸡　西	1094	6803	41.0
鹤　岗	510	5530	26.7
双鸭山	923	6581	38.6
大　庆	4066	24690	142.7
伊　春	711	3428	17.3
佳木斯	1736	15906	76.0
七台河	491	2116	12.4
牡丹江	2909	16374	73.7
黑　河	1371	8146	38.4
绥　化	2124	18228	115.9
大兴安岭	617	1789	8.3

1-B-8　分地区零售业法人企业基本情况(按国民经济行业分)

(综合零售)

地　区	法人单位数 (个)	从业人员期末人数 (人)	年末零售营业面积 (万平方米)
全　省	**2489**	**53682**	**346.8**
哈尔滨	1078	17155	114.0
齐齐哈尔	121	1800	20.3
鸡　西	93	1733	19.5
鹤　岗	35	2624	9.7
双鸭山	47	2598	16.1
大　庆	251	6872	48.3
伊　春	52	465	2.8
佳木斯	166	8075	33.5
七台河	23	526	5.3
牡丹江	225	3666	22.0
黑　河	81	1771	5.8
绥　化	251	6288	48.4
大兴安岭	66	109	1.1

1-B-8　续表 1

(食品、饮料及烟草制品专门零售)

地　区	法人单位数(个)	从业人员期末人数(人)	年末零售营业面积(万平方米)
全　省	**2948**	**11926**	**61.8**
哈尔滨	1100	5486	22.7
齐齐哈尔	179	691	3.6
鸡　西	107	417	0.8
鹤　岗	60	156	0.5
双鸭山	103	318	2.5
大　庆	349	1142	10.5
伊　春	91	215	2.4
佳木斯	180	872	3.4
七台河	26	64	0.1
牡丹江	340	1379	4.1
黑　河	124	316	2.2
绥　化	157	680	8.5
大兴安岭	132	190	0.5

1-B-8　续表 2

(纺织、服装及日用品专门零售)

地　区	法人单位数(个)	从业人员期末人数(人)	年末零售营业面积(万平方米)
全　省	**1814**	**14064**	**89.1**
哈尔滨	840	5418	35.7
齐齐哈尔	89	1000	2.5
鸡　西	51	204	6.6
鹤　岗	26	321	3.0
双鸭山	47	787	3.9
大　庆	306	1620	14.8
伊　春	38	147	0.4
佳木斯	93	437	4.7
七台河	14	55	0.1
牡丹江	161	625	3.1
黑　河	50	1355	5.1
绥　化	88	2080	9.1
大兴安岭	11	15	0.1

1-B-8 续表 3

(文化、体育用品及器材专门零售)

地 区	法人单位数(个)	从业人员期末人数(人)	年末零售营业面积(万平方米)
全 省	**957**	**6369**	**25.6**
哈尔滨	446	2878	16.4
齐齐哈尔	53	321	1.2
鸡 西	20	157	0.4
鹤 岗	18	162	0.4
双鸭山	35	325	0.5
大 庆	150	892	2.8
伊 春	19	69	0.2
佳木斯	55	365	0.8
七台河	8	65	0.1
牡丹江	58	448	1.3
黑 河	35	186	0.5
绥 化	35	419	0.8
大兴安岭	25	82	0.2

1-B-8 续表 4

(医药及医疗器材专门零售)

地 区	法人单位数(个)	从业人员期末人数(人)	年末零售营业面积(万平方米)
全 省	**7399**	**42026**	**92.2**
哈尔滨	2208	15237	30.0
齐齐哈尔	974	4037	8.8
鸡 西	317	2197	3.6
鹤 岗	117	1044	1.4
双鸭山	224	849	1.9
大 庆	565	3565	6.2
伊 春	143	1320	2.1
佳木斯	437	2265	4.7
七台河	190	455	1.3
牡丹江	967	3692	10.7
黑 河	469	2045	4.4
绥 化	676	4661	15.9
大兴安岭	112	659	1.2

1-B-8　续表 5

(汽车、摩托车、零配件和燃料及其他动力销售)

地　区	法人单位数(个)	从业人员期末人数(人)	年末零售营业面积(万平方米)
全　省	**5309**	**37154**	**237.0**
哈尔滨	1547	16426	76.6
齐齐哈尔	541	3128	32.0
鸡　西	236	1020	5.1
鹤　岗	135	567	4.9
双鸭山	217	730	6.8
大　庆	814	5047	38.9
伊　春	151	613	4.5
佳木斯	339	2059	15.8
七台河	135	642	3.3
牡丹江	439	3342	17.4
黑　河	271	1301	12.9
绥　化	424	1996	17.8
大兴安岭	60	283	1.0

1-B-8　续表 6

(家用电器及电子产品专门零售)

地　区	法人单位数(个)	从业人员期末人数(人)	年末零售营业面积(万平方米)
全　省	**2798**	**14441**	**55.7**
哈尔滨	1207	6540	27.3
齐齐哈尔	178	1557	5.6
鸡　西	81	424	1.4
鹤　岗	40	327	2.4
双鸭山	79	456	1.4
大　庆	496	1972	5.8
伊　春	43	134	0.9
佳木斯	156	803	3.5
七台河	39	133	1.0
牡丹江	216	1167	2.6
黑　河	92	406	1.5
绥　化	114	436	1.9
大兴安岭	57	86	0.4

1-B-8 续表 7

(五金、家具及室内装饰材料专门零售)

地　区	法人单位数(个)	从业人员期末人数(人)	年末零售营业面积(万平方米)
全　省	**2949**	**10017**	**61.1**
哈尔滨	1159	3959	22.1
齐齐哈尔	166	514	3.0
鸡　西	73	170	0.7
鹤　岗	28	149	2.3
双鸭山	73	165	2.5
大　庆	704	2238	10.4
伊　春	55	125	0.6
佳木斯	164	608	3.3
七台河	19	47	0.5
牡丹江	215	883	6.7
黑　河	109	306	1.9
绥　化	123	711	6.8
大兴安岭	61	142	0.3

1-B-8 续表 8

(货摊、无店铺及其他零售)

地　区	法人单位数(个)	从业人员期末人数(人)	年末零售营业面积(万平方米)
全　省	**2958**	**10759**	**72.4**
哈尔滨	954	3794	21.0
齐齐哈尔	229	906	8.4
鸡　西	116	481	3.0
鹤　岗	51	180	2.0
双鸭山	98	353	2.8
大　庆	431	1342	5.1
伊　春	119	340	3.5
佳木斯	146	422	6.1
七台河	37	129	0.5
牡丹江	288	1172	5.8
黑　河	140	460	4.1
绥　化	256	957	6.7
大兴安岭	93	223	3.4

1-B-9　分地区零售业法人企业基本情况(按登记注册类型分)

(内资企业)

地　区	法人单位数(个)	从业人员期末人数(人)	年末零售营业面积(万平方米)
全　省	**29571**	**193790**	**996.4**
哈尔滨	10518	73165	331.1
齐齐哈尔	2526	13565	83.6
鸡　西	1091	6654	40.7
鹤　岗	510	5530	26.7
双鸭山	922	6303	37.4
大　庆	4058	24016	141.3
伊　春	710	3428	17.3
佳木斯	1733	15329	72.9
七台河	489	1843	11.0
牡丹江	2904	16046	73.0
黑　河	1369	7894	37.4
绥　化	2124	18228	115.9
大兴安岭	617	1789	8.3

1-B-9　续表 1

(国有企业)

地　区	法人单位数(个)	从业人员期末人数(人)	年末零售营业面积(万平方米)
全　省	**230**	**4970**	**18.5**
哈尔滨	76	2473	7.8
齐齐哈尔	7	27	0.1
鸡　西	13	89	0.3
鹤　岗	4	47	
双鸭山	9	542	1.5
大　庆	23	344	0.9
伊　春	8	56	0.1
佳木斯	6	42	0.1
七台河	5	20	
牡丹江	10	159	1.0
黑　河	10	49	0.2
绥　化	40	1027	4.7
大兴安岭	19	95	1.8

1-B-9 续表 2

(集体企业)

地　区	法人单位数(个)	从业人员期末人数(人)	年末零售营业面积(万平方米)
全　省	**445**	**3964**	**21.1**
哈尔滨	203	1668	13.6
齐齐哈尔	21	649	0.3
鸡　西	32	150	0.5
鹤　岗	6	36	0.2
双鸭山	8	58	2.1
大　庆	48	265	1.2
伊　春	NA	2	
佳木斯	23	474	1.2
七台河			
牡丹江	26	323	0.8
黑　河	6	12	0.1
绥　化	61	318	1.0
大兴安岭	10	9	0.1

1-B-9 续表 3

(股份合作企业)

地　区	法人单位数(个)	从业人员期末人数(人)	年末零售营业面积(万平方米)
全　省	**102**	**949**	**3.9**
哈尔滨	28	103	0.6
齐齐哈尔	36	179	0.5
鸡　西	4	83	0.4
鹤　岗	NA	16	0.3
双鸭山	NA	2	
大　庆	6	412	1.4
伊　春	NA	4	
佳木斯	11	39	0.1
七台河			
牡丹江	5	34	0.1
黑　河	NA	11	
绥　化	NA	43	0.4
大兴安岭	NA	23	

1-B-9　续表 4

(联营企业)

地　区	法人单位数 (个)	从业人员期末人数 (人)	年末零售营业面积 (万平方米)
全　省	**43**	**736**	**4.4**
哈尔滨	22	137	1.5
齐齐哈尔	4	6	0.2
鸡　西	NA	5	
鹤　岗			
双鸭山			
大　庆	NA	20	0.1
伊　春			
佳木斯	5	394	2.0
七台河			
牡丹江	NA	18	
黑　河	NA		
绥　化	4	152	0.6
大兴安岭	NA	4	

1-B-9　续表 5

(有限责任公司)

地　区	法人单位数 (个)	从业人员期末人数 (人)	年末零售营业面积 (万平方米)
全　省	**4344**	**57863**	**333.2**
哈尔滨	2237	22801	134.9
齐齐哈尔	360	3721	27.9
鸡　西	136	1816	15.1
鹤　岗	104	2955	15.8
双鸭山	74	1915	6.6
大　庆	351	4862	33.0
伊　春	109	508	3.6
佳木斯	148	5274	21.8
七台河	45	232	0.6
牡丹江	215	2984	18.1
黑　河	101	2283	7.6
绥　化	409	8126	46.5
大兴安岭	55	386	1.6

1-B-9 续表 6

(股份有限公司)

地 区	法人单位数 (个)	从业人员期末人数 (人)	年末零售营业面积 (万平方米)
全 省	**558**	**12012**	**67.5**
哈尔滨	218	6743	30.4
齐齐哈尔	71	928	2.8
鸡 西	20	518	3.3
鹤 岗	9	97	0.2
双鸭山	12	113	4.5
大 庆	26	859	8.0
伊 春	14	145	2.1
佳木斯	35	783	5.2
七台河	18	349	4.2
牡丹江	47	702	2.8
黑 河	11	308	1.6
绥 化	72	450	2.2
大兴安岭	5	17	0.1

1-B-9 续表 7

(私营企业)

地 区	法人单位数 (个)	从业人员期末人数 (人)	年末零售营业面积 (万平方米)
全 省	**23685**	**112536**	**545.2**
哈尔滨	7669	39036	141.6
齐齐哈尔	2023	8044	51.8
鸡 西	880	3990	21.0
鹤 岗	380	2359	10.1
双鸭山	811	3655	22.5
大 庆	3597	17247	96.7
伊 春	576	2708	11.3
佳木斯	1487	8260	41.9
七台河	415	1237	6.1
牡丹江	2569	11463	49.2
黑 河	1231	5217	27.9
绥 化	1530	8077	60.4
大兴安岭	517	1243	4.7

1-B-9　续表 8

(其他企业)

地　区	法人单位数(个)	从业人员期末人数(人)	年末零售营业面积(万平方米)
全　省	**164**	**760**	**2.6**
哈尔滨	65	204	0.8
齐齐哈尔	4	11	
鸡　西	4	3	
鹤　岗	4	20	
双鸭山	7	18	0.1
大　庆	5	7	
伊　春	NA	5	
佳木斯	18	63	0.4
七台河	6	5	
牡丹江	30	363	1.1
黑　河	6	14	
绥　化	6	35	
大兴安岭	8	12	

1-B-9　续表 9

(港、澳、台商投资企业)

地　区	法人单位数(个)	从业人员期末人数(人)	年末零售营业面积(万平方米)
全　省	**29**	**5154**	**24.6**
哈尔滨	12	2818	15.2
齐齐哈尔	NA	286	1.5
鸡　西	NA	1	
鹤　岗			
双鸭山	NA	278	1.2
大　庆	6	661	1.4
伊　春			
佳木斯	NA	282	2.3
七台河	NA	252	1.4
牡丹江	NA	324	0.6
黑　河	NA	252	1.0
绥　化			
大兴安岭			

1-B-9 续表 10

(外商投资企业)

地　区	法人单位数(个)	从业人员期末人数(人)	年末零售营业面积(万平方米)
全　省	**21**	**1494**	**20.7**
哈尔滨	9	910	19.5
齐齐哈尔	NA	103	
鸡　西	NA	148	0.3
鹤　岗			
双鸭山			
大　庆	NA	13	
伊　春	NA		
佳木斯	NA	295	0.8
七台河	NA	21	
牡丹江	NA	4	
黑　河	NA		
绥　化			
大兴安岭			

1-B-10 分地区零售业法人企业基本情况(按零售业态分)

(有店铺零售)

地　区	法人单位数(个)	从业人员期末人数(人)	年末零售营业面积(万平方米)
全　省	**25727**	**186052**	**1004.7**
哈尔滨	8791	70235	347.1
齐齐哈尔	2335	13048	82.7
鸡　西	979	6480	40.6
鹤　岗	449	5387	26.5
双鸭山	822	6306	37.0
大　庆	3303	22151	137.6
伊　春	671	3288	17.2
佳木斯	1609	15339	74.8
七台河	452	2007	12.2
牡丹江	2525	14582	70.3
黑　河	1273	7900	38.1
绥　化	2000	17713	114.1
大兴安岭	518	1616	6.4

注：零售业态普查设计为多选，下表同。

1-B-10　续表 1

(食杂店)

地　区	法人单位数（个）	从业人员期末人数（人）	年末零售营业面积（万平方米）
全　省	**820**	**3311**	**13.3**
哈尔滨	358	1818	6.4
齐齐哈尔	52	103	0.5
鸡　西	32	235	0.5
鹤　岗	10	36	0.2
双鸭山	11	21	0.1
大　庆	69	178	1.8
伊　春	14	30	0.2
佳木斯	74	215	0.5
七台河	11	23	0.1
牡丹江	80	328	0.8
黑　河	28	59	0.3
绥　化	72	223	1.4
大兴安岭	9	42	0.7

1-B-10　续表 2

(便利店)

地　区	法人单位数（个）	从业人员期末人数（人）	年末零售营业面积（万平方米）
全　省	**2047**	**10357**	**49.5**
哈尔滨	612	4892	18.4
齐齐哈尔	143	387	4.5
鸡　西	82	430	1.0
鹤　岗	60	190	0.8
双鸭山	52	252	1.0
大　庆	294	831	4.5
伊　春	48	121	0.5
佳木斯	146	468	2.4
七台河	36	85	0.3
牡丹江	289	1017	4.6
黑　河	63	182	0.6
绥　化	202	1460	10.6
大兴安岭	20	42	0.3

1-B-10 续表 3

(折扣店)

地区	法人单位数(个)	从业人员期末人数(人)	年末零售营业面积(万平方米)
全省	**511**	**3882**	**28.7**
哈尔滨	194	1256	13.5
齐齐哈尔	34	130	4.3
鸡西	10	89	0.1
鹤岗	9	29	0.1
双鸭山	10	651	1.5
大庆	73	942	2.5
伊春	8	15	0.1
佳木斯	43	107	1.2
七台河	8	14	
牡丹江	63	317	1.7
黑河	13	43	0.2
绥化	43	271	2.5
大兴安岭	NA	18	1.0

1-B-10 续表 4

(超市)

地区	法人单位数(个)	从业人员期末人数(人)	年末零售营业面积(万平方米)
全省	**781**	**13671**	**36.4**
哈尔滨	262	4390	11.4
齐齐哈尔	60	878	2.6
鸡西	26	524	1.4
鹤岗	19	446	1.0
双鸭山	22	490	2.3
大庆	87	2085	3.2
伊春	13	246	0.8
佳木斯	48	738	2.4
七台河	9	37	0.1
牡丹江	85	2670	7.0
黑河	62	426	2.1
绥化	77	705	1.9
大兴安岭	11	36	0.3

1-B-10　续表 5

(大型超市)

地　　区	法人单位数(个)	从业人员期末人数(人)	年末零售营业面积(万平方米)
全　　省	**50**	**10747**	**86.8**
哈尔滨	19	3327	30.8
齐齐哈尔	NA	847	3.6
鸡　　西	NA		0.6
鹤　　岗	NA	1946	5.7
双鸭山	NA	285	2.6
大　　庆	9	1708	17.2
伊　　春			
佳木斯	4	558	4.1
七台河	NA	252	1.4
牡丹江	5	293	8.3
黑　　河	NA	268	2.5
绥　　化	NA	1263	9.9
大兴安岭			

1-B-10　续表 6

(仓储会员店)

地　　区	法人单位数(个)	从业人员期末人数(人)	年末零售营业面积(万平方米)
全　　省	**472**	**2252**	**28.7**
哈尔滨	126	430	12.3
齐齐哈尔	39	143	0.8
鸡　　西	25	76	0.1
鹤　　岗	10	73	0.2
双鸭山	8	55	0.1
大　　庆	95	505	3.1
伊　　春	8	143	0.3
佳木斯	39	185	2.9
七台河	10	53	0.2
牡丹江	58	267	1.3
黑　　河	12	51	1.2
绥　　化	40	271	6.2
大兴安岭	NA		

1-B-10 续表 7

(百货店)

地　区	法人单位数(个)	从业人员期末人数(人)	年末零售营业面积(万平方米)
全　省	**2262**	**32401**	**232.1**
哈尔滨	1017	9274	71.8
齐齐哈尔	112	2141	13.5
鸡　西	91	1528	24.5
鹤　岗	42	384	3.8
双鸭山	62	2099	12.8
大　庆	274	4733	33.9
伊　春	65	427	2.6
佳木斯	103	3790	12.3
七台河	17	272	3.9
牡丹江	173	1395	6.7
黑　河	55	1818	4.6
绥　化	193	4488	41.5
大兴安岭	58	52	0.2

1-B-10 续表 8

(专业店)

地　区	法人单位数(个)	从业人员期末人数(人)	年末零售营业面积(万平方米)
全　省	**13217**	**73069**	**329.4**
哈尔滨	4072	27929	114.5
齐齐哈尔	1457	6362	35.3
鸡　西	560	3208	10.2
鹤　岗	229	1815	7.9
双鸭山	419	1524	8.1
大　庆	1573	7322	38.0
伊　春	406	1919	9.1
佳木斯	903	4658	20.1
七台河	244	776	4.2
牡丹江	1297	6004	24.5
黑　河	806	3348	19.9
绥　化	942	7225	34.9
大兴安岭	309	979	2.7

1-B-10　续表 9

(专卖店)

地　区	法人单位数(个)	从业人员期末人数(人)	年末零售营业面积(万平方米)
全　省	**8264**	**45871**	**219.1**
哈尔滨	2828	19696	78.2
齐齐哈尔	711	3567	20.5
鸡　西	257	1043	4.1
鹤　岗	162	650	4.3
双鸭山	296	1744	6.7
大　庆	1133	5764	30.6
伊　春	209	1085	5.7
佳木斯	496	2093	15.0
七台河	172	687	2.6
牡丹江	854	4429	24.3
黑　河	313	1348	6.1
绥　化	709	3375	19.8
大兴安岭	124	390	1.2

1-B-10　续表 10

(家居建材商店)

地　区	法人单位数(个)	从业人员期末人数(人)	年末零售营业面积(万平方米)
全　省	**809**	**3467**	**40.2**
哈尔滨	347	1248	12.5
齐齐哈尔	76	289	2.1
鸡　西	26	74	0.2
鹤　岗	17	141	2.3
双鸭山	19	88	2.3
大　庆	108	631	6.5
伊　春	20	57	0.2
佳木斯	48	363	6.6
七台河	4	12	0.4
牡丹江	40	223	2.8
黑　河	37	113	1.2
绥　化	55	214	3.1
大兴安岭	12	14	0.1

1-B-10 续表 11

(购物中心)

地　区	法人单位数(个)	从业人员期末人数(人)	年末零售营业面积(万平方米)
全　省	**347**	**15193**	**129.6**
哈尔滨	121	4430	49.1
齐齐哈尔	28	1279	14.0
鸡　西	5	24	0.1
鹤　岗	NA	148	2.3
双鸭山	13	173	3.0
大　庆	66	1508	15.7
伊　春	7	18	0.2
佳木斯	22	3519	17.2
七台河	7	52	0.1
牡丹江	21	263	3.1
黑　河	11	697	3.4
绥　化	41	3072	21.4
大兴安岭	NA	10	0.2

1-B-10 续表 12

(厂家直销中心)

地　区	法人单位数(个)	从业人员期末人数(人)	年末零售营业面积(万平方米)
全　省	**908**	**6143**	**35.6**
哈尔滨	297	2381	8.1
齐齐哈尔	78	618	4.5
鸡　西	37	187	0.5
鹤　岗	18	49	0.1
双鸭山	23	103	0.3
大　庆	150	954	7.4
伊　春	36	162	1.8
佳木斯	64	247	5.4
七台河	13	77	0.4
牡丹江	84	621	2.9
黑　河	26	84	1.1
绥　化	70	534	2.6
大兴安岭	12	126	0.6

1-B-10　续表 13

(无店铺零售)

地　区	法人单位数(个)	从业人员期末人数(人)	年末零售营业面积(万平方米)
全　省	**4887**	**22331**	**80.7**
哈尔滨	2042	9585	41.1
齐齐哈尔	285	1414	4.6
鸡　西	161	580	1.0
鹤　岗	81	206	0.3
双鸭山	148	490	4.2
大　庆	908	3549	9.1
伊　春	76	270	0.6
佳木斯	196	1024	6.6
七台河	57	159	0.6
牡丹江	495	2779	4.7
黑　河	130	421	1.1
绥　化	195	1661	4.9
大兴安岭	113	193	1.9

1-B-10　续表 14

(电视购物)

地　区	法人单位数(个)	从业人员期末人数(人)	年末零售营业面积(万平方米)
全　省	**40**	**349**	**0.4**
哈尔滨	14	230	0.1
齐齐哈尔	NA	5	0.1
鸡　西	NA	52	
鹤　岗			
双鸭山	5	13	
大　庆	6	14	
伊　春			
佳木斯	NA	4	
七台河	NA	1	
牡丹江	5	15	
黑　河	NA	4	
绥　化	NA	11	
大兴安岭			

1-B-10 续表 15

(邮购)

地　区	法人单位数（个）	从业人员期末人数（人）	年末零售营业面积（万平方米）
全　省	**136**	**685**	**1.1**
哈尔滨	46	162	0.3
齐齐哈尔	9	19	0.1
鸡　西	NA	3	
鹤　岗	4	4	
双鸭山	5	9	
大　庆	17	85	0.2
伊　春	NA	9	
佳木斯	6	15	0.1
七台河	NA	5	
牡丹江	26	282	0.1
黑　河	NA	31	0.1
绥　化	9	57	0.2
大兴安岭	NA	4	

1-B-10 续表 16

(网上商店)

地　区	法人单位数（个）	从业人员期末人数（人）	年末零售营业面积（万平方米）
全　省	**521**	**3433**	**7.2**
哈尔滨	136	2004	4.5
齐齐哈尔	33	68	0.1
鸡　西	11	33	
鹤　岗	13	37	0.1
双鸭山	33	51	0.1
大　庆	56	269	1.1
伊　春	19	79	0.1
佳木斯	17	51	0.1
七台河	10	31	
牡丹江	129	605	0.7
黑　河	15	30	
绥　化	29	144	0.4
大兴安岭	20	31	

1-B-10　续表 17

(自动售货亭)

地　区	法人单位数(个)	从业人员期末人数(人)	年末零售营业面积(万平方米)
全　省	**65**	**260**	**1.3**
哈尔滨	26	121	0.8
齐齐哈尔	5	7	0.1
鸡　西	NA	10	
鹤　岗			
双鸭山	NA	8	0.2
大　庆	7	8	
伊　春	NA	4	
佳木斯	NA	5	
七台河	NA	5	
牡丹江	8	77	0.1
黑　河	NA	1	
绥　化	5	14	
大兴安岭	NA		

1-B-10　续表 18

(电话购物)

地　区	法人单位数(个)	从业人员期末人数(人)	年末零售营业面积(万平方米)
全　省	**136**	**491**	**1.8**
哈尔滨	49	196	0.8
齐齐哈尔	9	82	0.4
鸡　西	4	4	
鹤　岗	NA		
双鸭山	NA	9	
大　庆	16	31	
伊　春	6	8	
佳木斯	8	22	0.3
七台河	4	11	
牡丹江	19	103	0.1
黑　河	7	9	
绥　化	7	14	0.1
大兴安岭	NA	2	

1-B-10 续表 19

(其他)

地　区	法人单位数 (个)	从业人员期末人数 (人)	年末零售营业面积 (万平方米)
全　省	**4292**	**18530**	**72.0**
哈尔滨	1871	7184	35.7
齐齐哈尔	241	1272	3.9
鸡　西	144	486	0.9
鹤　岗	68	171	0.2
双鸭山	112	415	3.9
大　庆	839	3404	8.7
伊　春	59	190	0.4
佳木斯	175	960	6.3
七台河	41	118	0.5
牡丹江	376	2297	4.0
黑　河	108	347	1.0
绥　化	164	1517	4.4
大兴安岭	94	169	1.9

1-B-11 分地区零售业法人企业财务状况

单位：万元

地　区	资产总计	负债合计	营业收入
全　省	**12607290.9**	**8324561.8**	**17924994.1**
哈尔滨	7113409.6	5091033.7	10798442.5
齐齐哈尔	761292.3	439725.7	887799.0
鸡　西	322341.6	182122.8	378507.7
鹤　岗	143545.8	94037.1	184704.7
双鸭山	220195.2	121548.7	274399.2
大　庆	1523802.8	1047657.2	2162193.4
伊　春	127559.8	32960.0	160568.4
佳木斯	482412.8	315658.9	741413.2
七台河	98612.9	56713.4	134346.5
牡丹江	581427.4	265382.9	1016919.1
黑　河	284588.5	108561.5	365244.8
绥　化	893677.4	553922.4	767145.1
大兴安岭	54424.8	15237.6	53310.5

1-B-12　分地区零售业法人企业财务状况(按国民经济行业分)

(综合零售)

单位：万元

地　区	资产总计	负债合计	营业收入
全　省	**3253926.2**	**2257605.4**	**3767551.4**
哈尔滨	1849624.2	1206176.5	1825789.8
齐齐哈尔	59115.9	58435.7	46006.2
鸡　西	67636.8	50742.7	143107.1
鹤　岗	22986.0	19510.7	80013.6
双鸭山	76316.8	37342.2	78134.2
大　庆	364332.4	295671.3	550508.8
伊　春	13259.2	7710.7	14333.2
佳木斯	123210.1	83875.3	271517.0
七台河	25203.4	18288.4	53267.7
牡丹江	121051.5	66699.9	287576.4
黑　河	51682.7	24660.1	70813.0
绥　化	476501.3	388044.7	344960.5
大兴安岭	3006.0	447.4	1524.1

1-B-12　续表 1

(食品、饮料及烟草制品专门零售)

单位：万元

地　区	资产总计	负债合计	营业收入
全　省	**470960.3**	**208516.4**	**495173.8**
哈尔滨	188273.1	101670.8	207533.0
齐齐哈尔	76836.3	39180.1	44475.1
鸡　西	26406.3	8019.8	17428.3
鹤　岗	3213.6	1387.2	4817.1
双鸭山	10829.5	1150.0	36888.6
大　庆	49974.2	29571.1	58805.5
伊　春	16050.1	484.6	4650.5
佳木斯	21069.0	3688.2	37755.9
七台河	4330.7	1617.5	2956.7
牡丹江	33485.3	8680.6	47789.0
黑　河	14602.5	4277.9	11449.1
绥　化	20674.9	6603.8	14422.4
大兴安岭	5214.8	2184.9	6202.7

1-B-12 续表 2

(纺织、服装及日用品专门零售) 单位：万元

地　区	资产总计	负债合计	营业收入
全　省	**905544.7**	**663191.5**	**670291.3**
哈尔滨	610159.3	482666.9	346626.5
齐齐哈尔	46727.7	17113.8	52042.5
鸡　西	22087.5	17782.3	19534.5
鹤　岗	20902.6	21706.9	12089.2
双鸭山	11285.0	12570.8	26920.5
大　庆	68619.8	25235.1	51387.4
伊　春	1367.8	18.7	5631.9
佳木斯	67420.6	66116.8	58930.3
七台河	1270.6	625.5	675.3
牡丹江	15125.4	6605.9	14236.6
黑　河	17000.1	9814.9	37333.6
绥　化	23279.4	2911.9	44718.0
大兴安岭	299.0	22.0	165.0

1-B-12 续表 3

(文化、体育用品及器材专门零售) 单位：万元

地　区	资产总计	负债合计	营业收入
全　省	**535225.3**	**306934.8**	**382297.8**
哈尔滨	325960.1	215362.8	223966.9
齐齐哈尔	31369.8	9113.9	25456.9
鸡　西	12356.4	3839.4	6586.8
鹤　岗	11984.7	7138.0	5390.7
双鸭山	15911.7	7636.1	8053.5
大　庆	37126.6	24571.5	50632.9
伊　春	4586.8	1798.7	2465.8
佳木斯	21239.4	6160.2	11510.7
七台河	5827.1	3414.8	3438.4
牡丹江	29059.1	10660.3	20013.9
黑　河	12991.6	4137.0	6230.1
绥　化	24554.5	12682.9	17453.8
大兴安岭	2257.4	419.2	1097.6

1-B-12　续表 4

(医药及医疗器材专门零售)　单位：万元

地　区	资产总计	负债合计	营业收入
全　省	**1306498.0**	**807899.2**	**2041701.0**
哈尔滨	837834.6	595575.0	1361113.3
齐齐哈尔	64322.9	24253.9	76305.7
鸡　西	48243.8	26954.8	63489.7
鹤　岗	9249.9	3465.8	16074.2
双鸭山	10919.1	3397.5	16059.7
大　庆	113272.4	79853.0	121154.9
伊　春	12001.0	3685.0	46977.5
佳木斯	44041.4	19025.6	53396.6
七台河	4441.3	1373.4	3069.5
牡丹江	51387.3	15107.1	81130.9
黑　河	17449.1	2887.2	39110.3
绥　化	84404.2	29642.8	150720.0
大兴安岭	8931.1	2678.1	13098.8

1-B-12　续表 5

(汽车、摩托车、零配件和燃料及其他动力销售)　单位：万元

地　区	资产总计	负债合计	营业收入
全　省	**3889091.4**	**2835332.2**	**8071395.7**
哈尔滨	2255748.9	1793666.6	5334733.8
齐齐哈尔	285837.7	178691.4	507519.5
鸡　西	60997.2	34101.0	80573.8
鹤　岗	29441.5	23702.9	40556.2
双鸭山	57921.1	39327.1	82181.8
大　庆	518200.3	392349.6	984858.3
伊　春	33439.6	12328.0	57865.0
佳木斯	144738.7	112602.4	240611.3
七台河	43335.0	25453.4	58432.6
牡丹江	179124.4	91958.8	369270.7
黑　河	117905.3	47305.4	158132.8
绥　化	147881.5	77552.7	135782.2
大兴安岭	14520.3	6293.2	20877.8

1-B-12 续表 6

(家用电器及电子产品专门零售) 单位：万元

地　区	资产总计	负债合计	营业收入
全　省	**854338.4**	**574246.8**	**1225296.8**
哈尔滨	476498.5	351826.7	754727.4
齐齐哈尔	96843.0	85289.4	91688.4
鸡　西	10264.6	4049.7	30860.5
鹤　岗	13613.8	10109.2	20294.9
双鸭山	11261.4	3759.2	9467.0
大　庆	112562.3	59810.7	136840.9
伊　春	2223.1	542.2	3616.2
佳木斯	11028.1	4670.8	34216.8
七台河	7147.1	3855.6	8077.5
牡丹江	79776.7	37012.7	107617.9
黑　河	17274.6	6652.0	14925.0
绥　化	13091.5	6334.3	10774.4
大兴安岭	2753.7	334.4	2190.0

1-B-12 续表 7

(五金、家具及室内装饰材料专门零售) 单位：万元

地　区	资产总计	负债合计	营业收入
全　省	**654966.6**	**319756.0**	**499854.9**
哈尔滨	324437.0	193652.5	263544.8
齐齐哈尔	27617.4	9721.9	16044.1
鸡　西	8186.4	695.0	4654.1
鹤　岗	6777.8	4154.8	3014.8
双鸭山	9974.5	5787.5	4692.4
大　庆	126220.4	64907.9	122216.0
伊　春	10411.2	2107.1	9494.8
佳木斯	25168.1	5195.5	15724.7
七台河	3121.7	469.3	399.0
牡丹江	35291.3	14732.0	28720.6
黑　河	12765.5	1961.0	8721.8
绥　化	58098.1	15357.8	19199.3
大兴安岭	6897.4	1013.7	3428.5

1-B-12　续表 8

(货摊、无店铺及其他零售业)　单位：万元

地　区	资产总计	负债合计	营业收入
全　省	**736740.0**	**351079.4**	**771431.4**
哈尔滨	244874.1	150436.1	480407.2
齐齐哈尔	72621.5	17925.5	28260.6
鸡　西	66162.6	35938.1	12272.9
鹤　岗	25375.9	2861.5	2454.0
双鸭山	15776.2	10578.4	12001.5
大　庆	133494.3	75687.2	85788.7
伊　春	34221.1	4285.1	15533.6
佳木斯	24497.4	14324.2	17750.0
七台河	3936.1	1615.5	4030.0
牡丹江	37126.6	13925.5	60563.1
黑　河	22917.1	6866.2	18529.1
绥　化	45192.0	14791.4	29114.7
大兴安岭	10545.3	1844.7	4726.2

1-B-13　分地区零售业法人企业财务状况(按登记注册类型分)

(内资企业)　单位：万元

地　区	资产总计	负债合计	营业收入
全　省	**11887866.2**	**7813120.6**	**16305317.7**
哈尔滨	6547904.3	4705031.8	9401170.4
齐齐哈尔	729309.8	412623.4	847754.3
鸡　西	303437.1	166496.6	375030.2
鹤　岗	143545.8	94037.1	184704.7
双鸭山	199989.1	103815.1	264283.7
大　庆	1503699.7	1038582.2	2085022.4
伊　春	127559.8	32960.0	160568.4
佳木斯	465150.9	303019.0	686273.1
七台河	94421.7	52325.4	124030.8
牡丹江	557831.0	244539.1	1003220.4
黑　河	266914.9	90530.8	352803.7
绥　化	893677.4	553922.4	767145.1
大兴安岭	54424.8	15237.6	53310.5

1-B-13 续表 1

(国有企业) 单位：万元

地　区	资产总计	负债合计	营业收入
全　省	**463376.5**	**400358.6**	**310272.1**
哈尔滨	84203.1	72185.3	136989.8
齐齐哈尔	3986.0	893.4	843.8
鸡　西	3053.3	1693.4	3318.0
鹤　岗	1720.4	862.2	1761.6
双鸭山	1757.4	856.3	4055.5
大　庆	13740.2	6709.4	18371.0
伊　春	1409.0	183.4	6303.8
佳木斯	1332.0	824.3	1416.7
七台河	489.0	125.0	544.9
牡丹江	9866.3	3842.8	9212.3
黑　河	2173.5	1079.2	2644.6
绥　化	337008.3	309502.6	121863.8
大兴安岭	2638.0	1601.4	2946.6

1-B-13 续表 2

(集体企业) 单位：万元

地　区	资产总计	负债合计	营业收入
全　省	**109044.8**	**73421.2**	**100302.4**
哈尔滨	37208.7	17108.9	36227.9
齐齐哈尔	1531.7	541.8	1282.1
鸡　西	5382.0	1600.5	2856.9
鹤　岗	1622.7	883.2	1027.8
双鸭山	4007.9	10655.0	572.1
大　庆	44465.1	38946.6	11702.0
伊　春	98.0		77.0
佳木斯	3614.1	1386.9	7884.1
七台河			
牡丹江	6964.1	1794.0	36228.8
黑　河	217.6	0.9	119.4
绥　化	3834.9	494.0	2277.4
大兴安岭	98.0	9.4	47.0

1-B-13　续表 3

(股份合作企业)　　单位：万元

地　区	资产总计	负债合计	营业收入
全　省	**27638.8**	**18049.8**	**39999.0**
哈尔滨	4030.0	3098.4	5188.2
齐齐哈尔	4377.8	1395.0	7017.8
鸡　西	1300.0	628.0	743.0
鹤　岗	537.1	594.2	1529.4
双鸭山	60.0		60.0
大　庆	14314.6	11424.3	21496.6
伊　春	17.0	1.0	16.0
佳木斯	681.4	3.1	420.6
七台河			
牡丹江	1036.4	671.3	2319.7
黑　河	150.0		160.9
绥　化	725.8	104.9	617.5
大兴安岭	408.7	129.8	429.4

1-B-13　续表 4

(联营企业)　　单位：万元

地　区	资产总计	负债合计	营业收入
全　省	**20413.2**	**14045.2**	**70107.2**
哈尔滨	2577.5	457.8	10933.0
齐齐哈尔	273.9	29.7	2743.3
鸡　西	9.8		24.8
鹤　岗			
双鸭山			
大　庆	492.8	334.4	580.2
伊　春			
佳木斯	1052.0	609.9	23884.6
七台河			
牡丹江	19.0		158.0
黑　河			
绥　化	15922.8	10841.6	31771.5
大兴安岭	65.4	1771.7	11.8

1-B-13 续表 5

(有限责任公司) 单位：万元

地 区	资产总计	负债合计	营业收入
全 省	**4606419.7**	**3509978.7**	**6679750.2**
哈尔滨	3012768.4	2439450.0	4425369.6
齐齐哈尔	304681.0	217016.7	335504.2
鸡 西	117048.6	83704.9	150681.3
鹤 岗	55929.1	41178.1	109453.4
双鸭山	54711.1	35406.5	86404.7
大 庆	296438.5	261774.6	431818.1
伊 春	29695.6	14670.4	37038.9
佳木斯	180186.6	124859.9	250691.5
七台河	17099.3	8473.2	12582.1
牡丹江	173590.7	84022.2	359920.4
黑 河	58294.3	17951.0	90416.4
绥 化	293386.8	176086.7	372542.8
大兴安岭	12589.7	5384.8	17326.9

1-B-13 续表 6

(股份有限公司) 单位：万元

地 区	资产总计	负债合计	营业收入
全 省	**1881291.6**	**1105933.0**	**2746116.6**
哈尔滨	1510935.7	916571.4	2218374.8
齐齐哈尔	71773.5	34569.6	78150.4
鸡 西	21621.1	12218.5	32222.0
鹤 岗	3320.4	2895.3	5201.8
双鸭山	7151.0	1222.2	4928.3
大 庆	69787.3	54457.9	136026.3
伊 春	8907.8	5416.7	9858.7
佳木斯	31882.3	21769.8	57485.8
七台河	24068.7	15551.3	50095.1
牡丹江	58841.6	15270.3	69362.7
黑 河	58672.3	23896.0	72032.9
绥 化	13864.8	2078.8	12194.0
大兴安岭	465.2	15.5	183.8

1-B-13 续表 7

(私营企业) 单位：万元

地 区	资产总计	负债合计	营业收入
全 省	**4763384.2**	**2688363.8**	**6342922.2**
哈尔滨	1890992.3	1255371.1	2564333.7
齐齐哈尔	342502.8	158177.2	422161.9
鸡 西	154879.7	66651.5	185164.1
鹤 岗	80389.1	47607.6	65452.0
双鸭山	131810.8	55636.1	168084.1
大 庆	1063456.1	664485.1	1464988.6
伊 春	87386.8	12683.9	107235.5
佳木斯	243975.9	152520.5	343081.9
七台河	52750.8	28174.8	60797.9
牡丹江	302564.3	138313.2	516236.7
黑 河	147311.9	47603.8	187420.0
绥 化	227388.2	54813.9	225683.3
大兴安岭	37975.8	6325.2	32282.7

1-B-13 续表 8

(其他企业) 单位：万元

地 区	资产总计	负债合计	营业收入
全 省	**16297.4**	**2970.4**	**15847.9**
哈尔滨	5188.7	789.0	3753.5
齐齐哈尔	183.0		50.8
鸡 西	142.5		20.2
鹤 岗	27.1	16.6	278.7
双鸭山	490.9	39.1	179.1
大 庆	1005.1	450.0	39.7
伊 春	45.8	4.6	38.6
佳木斯	2426.6	1044.7	1408.0
七台河	14.0	1.0	10.8
牡丹江	4948.7	625.4	9781.8
黑 河	95.3		9.5
绥 化	1545.8		195.0
大兴安岭	184.0		82.3

1-B-13 续表 9

(港、澳、台商投资企业) 单位：万元

地　区	资产总计	负债合计	营业收入
全　省	**472026.6**	**380300.9**	**675462.8**
哈尔滨	357838.7	283292.3	487160.3
齐齐哈尔	20269.4	21364.2	33529.0
鸡　西	1.0		5.0
鹤　岗			
双鸭山	20206.1	17733.6	10115.5
大　庆	19775.9	9068.1	76942.1
伊　春			
佳木斯	8549.4	5591.3	31428.3
七台河	4166.2	4377.0	10199.0
牡丹江	23546.4	20843.8	13642.6
黑　河	17673.6	18030.7	12441.1
绥　化			
大兴安岭			

1-B-13 续表 10

(外商投资企业) 单位：万元

地　区	资产总计	负债合计	营业收入
全　省	**247398.0**	**131140.3**	**944213.5**
哈尔滨	207666.7	102709.6	910111.8
齐齐哈尔	11713.1	5738.1	6515.7
鸡　西	18903.5	15626.2	3472.5
鹤　岗			
双鸭山			
大　庆	327.3	6.8	228.9
伊　春			
佳木斯	8712.5	7048.6	23711.8
七台河	25.0	11.0	116.7
牡丹江	50.0		56.2
黑　河			
绥　化			
大兴安岭			

1-B-14　分地区零售业法人企业财务状况(按零售业态分)

(有店铺零售)　　单位：万元

地　区	资产总计	负债合计	营业收入
全　省	**11673516.9**	**7814855.5**	**16649237.6**
哈尔滨	6645271.7	4771127.5	9988734.5
齐齐哈尔	719025.4	422236.4	829146.2
鸡　西	282814.5	164712.6	372744.0
鹤　岗	121945.9	93486.5	182772.8
双鸭山	199099.7	110062.7	256804.3
大　庆	1349334.1	958812.7	1954781.2
伊　春	105352.6	31194.5	157750.1
佳木斯	459273.6	306252.8	727592.8
七台河	91654.0	53769.6	130584.0
牡丹江	505100.5	239622.0	890673.7
黑　河	270208.3	103648.4	355372.7
绥　化	876217.8	547181.2	754427.5
大兴安岭	48218.8	12748.6	47853.7

1-B-14　续表 1

(食杂店)　　单位：万元

地　区	资产总计	负债合计	营业收入
全　省	**72350.3**	**30119.4**	**113753.8**
哈尔滨	43159.7	19516.3	60214.3
齐齐哈尔	3161.5	1892.3	3688.4
鸡　西	9785.4	1899.4	2792.3
鹤　岗	445.1	100.0	517.7
双鸭山	628.5	414.0	341.9
大　庆	5274.0	4760.0	20776.2
伊　春	349.5	10.7	6370.7
佳木斯	1522.7	107.9	3198.6
七台河	188.1	98.5	311.5
牡丹江	3434.3	579.7	9040.6
黑　河	783.1	286.9	3060.6
绥　化	3376.9	399.6	3333.0
大兴安岭	241.5	54.1	108.1

1-B-14 续表 2

(便利店) 单位：万元

地 区	资产总计	负债合计	营业收入
全 省	**321888.9**	**116123.8**	**1302158.2**
哈尔滨	197528.4	77217.8	1095918.1
齐齐哈尔	7020.9	3186.1	16604.5
鸡 西	11095.2	1229.7	7966.9
鹤 岗	1486.6	720.5	3572.5
双鸭山	4764.6	531.0	4599.9
大 庆	32021.6	19560.2	52502.9
伊 春	9125.7	867.3	4515.9
佳木斯	8745.7	2337.6	18701.4
七台河	3122.9	1127.1	5301.8
牡丹江	18172.1	3628.1	57919.7
黑 河	3923.0	1918.4	5764.8
绥 化	23552.3	3616.5	28528.5
大兴安岭	1329.9	183.5	261.4

1-B-14 续表 3

(折扣店) 单位：万元

地 区	资产总计	负债合计	营业收入
全 省	**210809.2**	**123422.9**	**161534.7**
哈尔滨	138241.8	87114.9	62465.8
齐齐哈尔	11484.0	17576.7	1384.6
鸡 西	2440.7	1072.1	7158.2
鹤 岗	1037.4	1.9	113.7
双鸭山	3121.3	40.6	24735.3
大 庆	33021.9	10723.7	34281.7
伊 春	279.1	1.0	413.7
佳木斯	2017.7	915.6	1565.5
七台河	281.9	125.6	174.4
牡丹江	7765.8	3438.0	8322.2
黑 河	1455.0	178.4	1013.9
绥 化	9095.9	2225.9	19062.8
大兴安岭	566.8	8.5	843.0

1-B-14　续表 4

(超市)　单位：万元

地　区	资产总计	负债合计	营业收入
全　省	**343924.4**	**281299.7**	**818543.4**
哈尔滨	86941.9	60692.5	332337.3
齐齐哈尔	24459.7	27620.3	38051.3
鸡　西	13070.5	3642.4	18321.8
鹤　岗	2000.2	1208.7	9260.7
双鸭山	11400.7	5617.6	20157.6
大　庆	82382.2	107854.7	127739.0
伊　春	5974.3	514.4	1993.3
佳木斯	17363.6	13183.4	44150.6
七台河	104.5	46.6	236.2
牡丹江	78367.5	50845.6	188819.4
黑　河	9618.8	5982.2	19431.8
绥　化	11193.7	3812.0	17249.4
大兴安岭	1046.8	279.3	795.0

1-B-14　续表 5

(大型超市)　单位：万元

地　区	资产总计	负债合计	营业收入
全　省	**562065.6**	**488268.8**	**838031.8**
哈尔滨	313706.8	235215.6	510393.1
齐齐哈尔	50962.3	62529.8	20812.7
鸡　西			
鹤　岗	17442.9	15433.0	66467.5
双鸭山	21206.1	17803.6	10190.5
大　庆	78385.9	86771.8	85182.1
伊　春			
佳木斯	14531.0	11000.8	36440.0
七台河	4166.2	4377.0	10199.0
牡丹江	3843.2	3146.7	42315.8
黑　河	17883.6	18090.7	13019.6
绥　化	39937.6	33899.8	43011.6
大兴安岭			

1-B-14 续表 6

(仓储会员店) 单位：万元

地　区	资产总计	负债合计	营业收入
全　省	**390487.2**	**334316.1**	**103024.3**
哈尔滨	16411.2	11893.7	17834.5
齐齐哈尔	6745.5	2373.4	6579.8
鸡　西	4742.9	1252.0	3887.6
鹤　岗	1002.1	412.9	2069.2
双鸭山	1375.2	8.7	821.2
大　庆	21803.9	10952.1	23059.7
伊　春	694.3	240.2	2785.6
佳木斯	4234.3	529.4	2049.2
七台河	613.9	32.8	925.5
牡丹江	5252.3	2159.0	9905.2
黑　河	1395.1	1034.3	1913.4
绥　化	326216.7	303427.7	31193.5
大兴安岭			

1-B-14 续表 7

(百货店) 单位：万元

地　区	资产总计	负债合计	营业收入
全　省	**2110650.4**	**1330058.3**	**2054755.5**
哈尔滨	1215741.6	732671.4	753815.2
齐齐哈尔	128541.4	110967.8	87121.1
鸡　西	85011.9	67183.0	146344.3
鹤　岗	6280.7	4072.1	5787.8
双鸭山	45292.4	18635.9	48654.6
大　庆	320218.2	228291.5	403537.6
伊　春	13681.0	7781.9	17113.0
佳木斯	46691.6	28233.6	142644.5
七台河	21618.6	13925.0	43582.5
牡丹江	74509.9	34025.8	113146.2
黑　河	29762.3	2009.5	51874.7
绥　化	121458.1	80431.1	239639.2
大兴安岭	1842.8	1829.7	1495.0

1-B-14　续表 8

(专业店)　　单位：万元

地　区	资产总计	负债合计	营业收入
全　省	**4159646.1**	**2626287.5**	**6472981.0**
哈尔滨	2285767.7	1666695.8	4086010.3
齐齐哈尔	261932.1	107181.5	279006.7
鸡　西	141126.2	74454.1	160210.4
鹤　岗	43376.6	25924.1	56358.2
双鸭山	46973.8	26127.2	53416.6
大　庆	432282.5	271496.9	719131.7
伊　春	55045.2	18104.3	74214.9
佳木斯	251626.0	185971.0	314813.7
七台河	29317.3	16457.9	29743.9
牡丹江	171384.8	63209.6	256704.1
黑　河	164533.1	56217.3	168805.2
绥　化	244306.1	108472.0	246506.2
大兴安岭	31974.8	5976.0	28059.3

1-B-14　续表 9

(专卖店)　　单位：万元

地　区	资产总计	负债合计	营业收入
全　省	**3262567.3**	**2356260.5**	**4716259.3**
哈尔滨	1643666.0	1321438.6	2804960.7
齐齐哈尔	239578.4	132458.7	362331.0
鸡　西	35294.9	17150.6	35376.3
鹤　岗	26370.6	22048.8	29848.3
双鸭山	45302.8	23579.7	107988.4
大　庆	402331.4	298637.0	597085.8
伊　春	29166.0	7526.5	62696.4
佳木斯	101298.6	52452.5	134557.0
七台河	34986.4	18809.3	48754.5
牡丹江	192293.0	92846.7	286988.2
黑　河	36140.4	10707.6	83360.0
绥　化	468314.9	356755.3	154693.5
大兴安岭	7824.0	1849.3	7619.3

1-B-14 续表 10

(家居建材商店)　　单位：万元

地　区	资产总计	负债合计	营业收入
全　省	**277012.9**	**155058.1**	**194060.5**
哈尔滨	136639.1	77507.1	108818.1
齐齐哈尔	9495.5	6504.7	6131.9
鸡　西	2600.0	456.2	1838.1
鹤　岗	5543.4	3480.4	2430.5
双鸭山	7409.6	5283.8	4240.8
大　庆	65751.2	48870.4	21926.2
伊　春	9062.1	1937.6	5930.7
佳木斯	19384.5	3757.1	11145.4
七台河	2120.0	100.0	215.0
牡丹江	9932.3	4414.0	23745.6
黑　河	1756.8	90.8	2921.9
绥　化	6845.9	2655.1	4493.2
大兴安岭	472.3	1.0	223.1

1-B-14 续表 11

(购物中心)　　单位：万元

地　区	资产总计	负债合计	营业收入
全　省	**1547258.2**	**1201786.8**	**997646.3**
哈尔滨	1195145.5	942562.1	682361.3
齐齐哈尔	76532.7	95032.1	37018.6
鸡　西	345.7	130.0	494.4
鹤　岗	20359.3	21402.1	10763.2
双鸭山	19892.2	12289.9	8963.1
大　庆	76993.3	39393.8	64129.0
伊　春	1765.8	258.1	777.3
佳木斯	52873.5	34978.4	83436.6
七台河	2775.4	2010.7	3212.6
牡丹江	6875.8	3962.1	6626.3
黑　河	12768.1	9399.6	22613.4
绥　化	80671.9	40367.9	77174.4
大兴安岭	259.0		76.2

1-B-14　续表 12

(厂家直销中心)　单位：万元

地　区	资产总计	负债合计	营业收入
全　省	**695703.6**	**523932.9**	**588459.2**
哈尔滨	100242.3	65880.4	204802.9
齐齐哈尔	105251.8	77807.4	114275.2
鸡　西	6383.9	4042.4	7292.6
鹤　岗	987.1	803.4	940.1
双鸭山	2432.1	1075.5	3095.7
大　庆	59018.5	34557.1	91093.6
伊　春	7100.4	2890.5	10978.7
佳木斯	8650.7	3976.0	9556.6
七台河	6435.9	3005.8	10266.6
牡丹江	52831.0	20797.8	87881.4
黑　河	7264.5	330.8	2963.6
绥　化	333352.7	306073.4	35264.6
大兴安岭	5752.8	2692.4	10047.7

1-B-14　续表 13

(无店铺零售)　单位：万元

地　区	资产总计	负债合计	营业收入
全　省	**1372638.0**	**876165.6**	**1860111.1**
哈尔滨	684366.8	476400.6	1076910.4
齐齐哈尔	58742.1	28771.4	95231.7
鸡　西	53093.0	20993.9	16241.2
鹤　岗	22939.0	898.3	3190.2
双鸭山	35073.8	19468.4	31667.0
大　庆	259462.9	204740.2	297745.2
伊　春	27171.6	3679.1	6515.2
佳木斯	60688.2	48159.8	76857.5
七台河	8468.6	2978.6	5808.1
牡丹江	108558.6	45435.4	188224.2
黑　河	16792.6	5410.2	24262.8
绥　化	30620.7	16457.3	31339.8
大兴安岭	6659.9	2772.3	6118.0

1-B-14 续表 14

(电视购物)　　单位：万元

地　区	资产总计	负债合计	营业收入
全　省	**15663.2**	**5332.3**	**13723.2**
哈尔滨	11680.4	3881.6	5659.9
齐齐哈尔	330.7		66.3
鸡　西	2196.0	1000.0	6539.0
鹤　岗			
双鸭山	485.3	123.8	416.7
大　庆	244.8	192.0	341.6
伊　春			
佳木斯	297.2	0.5	212.8
七台河	12.2	11.8	11.8
牡丹江	322.6	3.6	211.7
黑　河	50.6	60.1	10.6
绥　化	43.4	59.0	252.8
大兴安岭			

1-B-14 续表 15

(邮购)　　单位：万元

地　区	资产总计	负债合计	营业收入
全　省	**24873.1**	**6721.0**	**24318.2**
哈尔滨	4316.7	2711.2	4623.5
齐齐哈尔	483.5	245.7	731.6
鸡　西	106.6	0.2	26.7
鹤　岗	11.8	0.3	108.0
双鸭山	37.5		51.2
大　庆	4440.1	2961.7	4643.1
伊　春	144.5	76.3	125.1
佳木斯	78.0	0.5	93.1
七台河	12.7	11.8	11.9
牡丹江	14494.2	597.9	2537.0
黑　河	462.1	114.0	11036.1
绥　化	212.3	1.4	296.5
大兴安岭	73.0		34.3

1-B-14　续表 16

(网上商店)　　单位：万元

地　　区	资产总计	负债合计	营业收入
全　　省	**157271.3**	**107720.2**	**439211.1**
哈 尔 滨	109528.5	91041.4	409013.9
齐齐哈尔	1843.3	775.1	2038.8
鸡　　西	232.9	27.0	1083.2
鹤　　岗	250.1	50.6	490.2
双 鸭 山	441.6	16.3	248.0
大　　庆	7429.1	5750.3	9485.7
伊　　春	323.4	5.1	737.4
佳 木 斯	9893.0	5943.5	845.0
七 台 河	214.4	129.0	114.9
牡 丹 江	22964.1	2932.2	10900.4
黑　　河	96.1	0.1	764.3
绥　　化	3258.4	1034.1	3240.8
大兴安岭	796.6	15.5	248.7

1-B-14　续表 17

(自动售货亭)　　单位：万元

地　　区	资产总计	负债合计	营业收入
全　　省	**19173.7**	**13046.3**	**5994.9**
哈 尔 滨	15870.7	12179.2	3401.3
齐齐哈尔	101.5	21.6	289.3
鸡　　西	133.6		431.1
鹤　　岗			
双 鸭 山	77.9	30.6	55.4
大　　庆	213.9	131.3	146.4
伊　　春	153.0		220.5
佳 木 斯	297.2	181.7	286.7
七 台 河	13.5	1.7	13.6
牡 丹 江	2195.5	500.2	1030.7
黑　　河	20.0		7.0
绥　　化	91.0		106.8
大兴安岭	6.0		6.2

1-B-14 续表 18

(电话购物) 单位：万元

地 区	资产总计	负债合计	营业收入
全 省	**28317.0**	**16391.8**	**45678.7**
哈尔滨	10377.4	3309.4	13109.7
齐齐哈尔	8057.6	6917.6	25123.1
鸡 西	10.5		13.2
鹤 岗			
双鸭山	150.8		612.5
大 庆	6364.0	4637.1	3191.3
伊 春	153.0	2.3	200.3
佳木斯	157.8	1.5	213.3
七台河	1047.5	9.0	549.5
牡丹江	1720.3	1511.5	2034.6
黑 河	122.2	2.3	408.2
绥 化	99.0		193.0
大兴安岭	56.8	1.1	30.0

1-B-14 续表 19

(其他) 单位：万元

地 区	资产总计	负债合计	营业收入
全 省	**1184742.1**	**748603.4**	**1376864.5**
哈尔滨	545994.5	367331.9	658291.4
齐齐哈尔	48492.4	21206.0	68407.0
鸡 西	50498.0	19975.8	8362.9
鹤 岗	22694.2	884.0	2835.2
双鸭山	33950.9	19311.5	30349.7
大 庆	258474.9	204418.5	294329.7
伊 春	26764.5	3672.5	5666.9
佳木斯	50439.0	42215.3	75656.1
七台河	8210.9	2829.1	5658.8
牡丹江	88185.4	42541.6	180029.2
黑 河	16061.7	5233.7	12043.6
绥 化	29013.8	16226.9	29246.0
大兴安岭	5961.9	2756.8	5988.1

第2篇

住宿和餐饮业企业基本情况及财务状况篇

A. 行业部分

2-A-1　住宿业法人企业基本情况

分　　组	法人单位数 (个)	从业人员期末人数 (人)
住宿业	**1098**	**26434**
按国民经济行业分组		
旅游饭店	317	14938
一般旅馆	659	9361
经济型连锁酒店	92	1966
其他一般旅馆	567	7395
民宿服务	7	25
露营地服务	NA	18
其他住宿业	114	2092
按登记注册类型分组		
内资企业	1087	24665
国有企业	102	5282
集体企业	35	300
股份合作企业	NA	7
联营企业	5	74
国有联营企业	NA	3
集体联营企业	NA	5
国有与集体联营企业	NA	66
其他联营企业		
有限责任公司	262	7831
国有独资公司	10	537
其他有限责任公司	252	7294
股份有限公司	36	1675
私营企业	639	9309
私营独资企业	76	749
私营合伙企业	8	68
私营有限责任公司	535	8235
私营股份有限公司	20	257
其他企业	6	187
港、澳、台商投资企业	8	1169
与港澳台商合资经营企业	NA	247
与港澳台商合作经营企业		
港澳台商独资经营企业	4	793
港澳台商投资股份有限公司	NA	99
其他港澳台投资企业	NA	30
外商投资企业	NA	600
中外合资经营企业		
中外合作经营企业	NA	18
外资企业	NA	554
外商投资股份有限公司	NA	28
其他外商投资		
按星级分组		
一星	37	294
二星	49	561
三星	136	3288
四星	72	6285
五星	20	1875
其他	784	14131

2-A-2 限额以上住宿业法人企业基本情况

分　组	法人单位数 (个)	从业人员期末人数 (人)
住宿业	**191**	**16145**
按国民经济行业分组		
旅游饭店	119	12126
一般旅馆	58	2936
经济型连锁酒店	14	897
其他一般旅馆	44	2039
民宿服务		
露营地服务		
其他住宿业	14	1083
按登记注册类型分组		
内资企业	182	14523
国有企业	35	3993
集体企业	4	159
股份合作企业		
联营企业		
国有联营企业		
集体联营企业		
国有与集体联营企业		
其他联营企业		
有限责任公司	76	5460
国有独资公司	4	384
其他有限责任公司	72	5076
股份有限公司	5	1013
私营企业	62	3898
私营独资企业	5	233
私营合伙企业		
私营有限责任公司	54	3536
私营股份有限公司	NA	129
其他企业		
港、澳、台商投资企业	6	1022
与港澳台商合资经营企业	NA	108
与港澳台商合作经营企业		
港澳台商独资经营企业	NA	785
港澳台商投资股份有限公司	NA	99
其他港澳台投资企业	NA	30
外商投资企业	NA	600
中外合资经营企业		
中外合作经营企业	NA	18
外资企业	NA	554
外商投资股份有限公司	NA	28
其他外商投资		
按星级分组		
一星	NA	51
二星	NA	110
三星	40	2038
四星	42	5170
五星	9	1688
其他	95	7088

2-A-3　住宿业法人企业财务状况

单位：万元

分　组	资产总计	负债合计	营业收入
住宿业	**1779392.3**	**1181427.5**	**412690.3**
按国民经济行业分组			
旅游饭店	1238932.7	796947.8	222758.4
一般旅馆	418474.8	277472.3	144246.7
经济型连锁酒店	144391.0	119730.7	41487.2
其他一般旅馆	274083.8	157741.6	102759.4
民宿服务	67.5	35.4	222.2
露营地服务	5891.6	2.5	
其他住宿业	116025.7	106969.6	45463.1
按登记注册类型分组			
内资企业	1513112.1	989112.1	374038.7
国有企业	349107.3	250866.2	73673.1
集体企业	6319.8	1477.0	3523.7
股份合作企业	1034.9	159.4	55.5
联营企业	914.7	16.6	214.4
国有联营企业	13.0	3.6	4.6
集体联营企业	43.9	13.0	34.8
国有与集体联营企业	857.8		174.9
其他联营企业			
有限责任公司	479760.8	372771.7	116263.0
国有独资公司	8917.3	6386.0	6750.5
其他有限责任公司	470843.5	366385.8	109512.6
股份有限公司	101278.3	59386.4	27728.2
私营企业	565022.5	304432.8	151370.6
私营独资企业	27790.9	9670.8	7826.4
私营合伙企业	15620.8	260.8	612.0
私营有限责任公司	513751.1	291274.2	140026.9
私营股份有限公司	7859.8	3227.1	2905.4
其他企业	9673.7	2.0	1210.3
港、澳、台商投资企业	216230.1	179543.9	23493.2
与港澳台商合资经营企业	30681.3	86029.9	2215.1
与港澳台商合作经营企业			
港澳台商独资经营企业	155398.1	73614.9	18744.9
港澳台商投资股份有限公司	12846.6	6151.8	1759.1
其他港澳台投资企业	17304.1	13747.3	774.1
外商投资企业	50050.1	12771.6	15158.3
中外合资经营企业			
中外合作经营企业	1405.4	40.6	256.8
外资企业	48573.7	10579.8	14718.7
外商投资股份有限公司	71.0	2151.2	182.8
其他外商投资			
按星级分组			
一星	7098.8	2145.3	3329.0
二星	12030.0	6028.8	6241.2
三星	165676.1	94154.3	62557.1
四星	387589.8	261979.9	98095.4
五星	339404.9	206838.9	37558.8
其他	867592.7	610280.3	204908.8

2-A-4　限额以上住宿业法人企业财务状况

单位：万元

分　　组	资产总计	负债合计	营业收入
住宿业	**1070052.2**	**765864.7**	**258728.2**
按国民经济行业分组			
旅游饭店	923890.1	614527.5	192827.6
一般旅馆	111460.0	91963.5	48095.4
经济型连锁酒店	17837.3	12595.6	17566.3
其他一般旅馆	93622.7	79367.9	30529.1
民宿服务			
露营地服务			
其他住宿业	34702.1	59373.7	17805.2
按登记注册类型分组			
内资企业	830075.4	607222.4	220198.6
国有企业	306635.4	213850.9	64623.9
集体企业	4087.4	934.0	2104.4
股份合作企业			
联营企业			
国有联营企业			
集体联营企业			
国有与集体联营企业			
其他联营企业			
有限责任公司	275776.6	219253.1	76833.1
国有独资公司	6295.0	5672.4	4087.1
其他有限责任公司	269481.6	213580.7	72746.0
股份有限公司	83662.7	53267.7	10432.5
私营企业	159913.3	119916.7	66204.7
私营独资企业	2705.2	1379.2	2141.6
私营合伙企业			
私营有限责任公司	151689.8	115905.3	62667.1
私营股份有限公司	5518.3	2632.2	1396.0
其他企业			
港、澳、台商投资企业	189926.7	145870.7	23371.3
与港澳台商合资经营企业	4600.1	53180.1	2215.1
与港澳台商合作经营企业			
港澳台商独资经营企业	155175.9	72791.5	18623.0
港澳台商投资股份有限公司	12846.6	6151.8	1759.1
其他港澳台投资企业	17304.1	13747.3	774.1
外商投资企业	50050.1	12771.6	15158.3
中外合资经营企业			
中外合作经营企业	1405.4	40.6	256.8
外资企业	48573.7	10579.8	14718.7
外商投资股份有限公司	71.0	2151.2	182.8
其他外商投资			
按星级分组			
一星	910.2	597.5	487.6
二星	2178.9	1619.3	734.4
三星	113886.1	54237.3	28945.0
四星	322998.8	204888.5	86454.3
五星	249913.5	117384.7	35379.8
其他	380164.7	387137.4	106727.1

2-A-5　餐饮业法人企业基本情况

分　　组	法人单位数 (个)	从业人员期末人数 (人)	年末餐饮营业面积 (万平方米)
餐饮业	**1600**	**15326**	**90.2**
按国民经济行业分组			
正餐服务	1225	11862	78.9
快餐服务	145	1857	4.5
饮料及冷饮服务	27	144	0.3
茶馆服务	5	4	
咖啡馆服务	10	65	0.1
酒吧服务	NA	26	
其他饮料及冷饮服务	9	49	0.1
餐饮配送及外卖送餐服务	83	890	2.3
餐饮配送服务	60	720	2.2
外卖送餐服务	23	170	0.2
其他餐饮业	120	573	4.1
小吃服务	29	137	0.5
其他未列明餐饮业	91	436	3.6
按登记注册类型分组			
内资企业	1586	14551	88.1
国有企业	47	746	11.9
集体企业	8	55	0.2
股份合作企业	NA	20	
联营企业	NA	32	
国有联营企业			
集体联营企业	NA	16	
国有与集体联营企业			
其他联营企业	NA	16	
有限责任公司	266	2730	16.7
国有独资公司	6	248	0.9
其他有限责任公司	260	2482	15.7
股份有限公司	32	459	2.0
私营企业	1228	10505	57.2
私营独资企业	95	839	7.6
私营合伙企业	56	443	0.9
私营有限责任公司	1048	8915	47.5
私营股份有限公司	29	308	1.3
其他企业	NA	4	0.1
港、澳、台商投资企业	4	534	1.0
与港澳台商合资经营企业	NA	424	0.7
与港澳台商合作经营企业			
港澳台商独资经营企业	NA	60	0.2
港澳台商投资股份有限公司			
其他港澳台投资企业	NA	50	0.1
外商投资企业	10	241	1.2
中外合资经营企业	NA	14	
中外合作经营企业			
外资企业	6	201	0.9
外商投资股份有限公司	NA		0.1
其他外商投资	NA	26	0.1

2-A-6 限额以上餐饮业法人企业基本情况

分组	法人单位数(个)	从业人员期末人数(人)	年末餐饮营业面积(万平方米)
餐饮业	**80**	**4720**	**21.8**
按国民经济行业分组			
正餐服务	77	3664	20.9
快餐服务	NA	1029	0.8
饮料及冷饮服务	NA	27	
茶馆服务			
咖啡馆服务			
酒吧服务			
其他饮料及冷饮服务	NA	27	
餐饮配送及外卖送餐服务			
餐饮配送服务			
外卖送餐服务			
其他餐饮业			
小吃服务			
其他未列明餐饮业			
按登记注册类型分组			
内资企业	75	4035	20.0
国有企业	7	278	2.6
集体企业			
股份合作企业			
联营企业			
国有联营企业			
集体联营企业			
国有与集体联营企业			
其他联营企业			
有限责任公司	21	930	6.1
国有独资公司	NA	59	0.2
其他有限责任公司	20	871	5.9
股份有限公司	4	267	1.0
私营企业	43	2560	10.3
私营独资企业	6	274	1.8
私营合伙企业			
私营有限责任公司	35	2241	8.2
私营股份有限公司	NA	45	0.4
其他企业			
港、澳、台商投资企业	NA	484	0.8
与港澳台商合资经营企业	NA	424	0.7
与港澳台商合作经营企业			
港澳台商独资经营企业	NA	60	0.2
港澳台商投资股份有限公司			
其他港澳台投资企业			
外商投资企业	NA	201	1.0
中外合资经营企业			
中外合作经营企业			
外资企业	NA	177	0.9
外商投资股份有限公司			
其他外商投资	NA	24	0.1
按单位规模分组			
大型	NA	1025	0.8
中型	NA	742	1.4
小型	70	2898	17.8
微型	6	55	1.8

2-A-7　餐饮业法人企业财务状况

单位：万元

分　组	资产总计	负债合计	营业收入
餐饮业	**406236.1**	**215463.3**	**200635.9**
按国民经济行业分组			
正餐服务	349651.2	177326.4	149820.4
快餐服务	26582.2	18542.7	32879.8
饮料及冷饮服务	2043.7	949.9	1321.4
茶馆服务	99.9	0.6	21.6
咖啡馆服务	1381.9	438.6	799.0
酒吧服务	21.1	4.0	113.0
其他饮料及冷饮服务	540.9	506.7	387.8
餐饮配送及外卖送餐服务	18507.9	13475.1	11511.6
餐饮配送服务	17797.4	13429.6	8904.9
外卖送餐服务	710.5	45.5	2606.7
其他餐饮业	9451.1	5169.2	5102.7
小吃服务	971.2	106.6	1070.6
其他未列明餐饮业	8479.9	5062.5	4032.1
按登记注册类型分组			
内资企业	385643.7	208362.6	187175.0
国有企业	39890.5	41620.0	7662.0
集体企业	367.2	134.5	571.2
股份合作企业	19.1	4.0	84.1
联营企业	31.5	2.1	239.2
国有联营企业			
集体联营企业			20.0
国有与集体联营企业			
其他联营企业	31.5	2.1	219.2
有限责任公司	110715.4	74961.3	35659.6
国有独资公司	7152.8	3099.0	1981.9
其他有限责任公司	103562.5	71862.3	33677.7
股份有限公司	3153.0	2118.7	4647.3
私营企业	231452.8	89522.0	138309.5
私营独资企业	14884.7	21071.5	8084.1
私营合伙企业	2116.6	608.6	6461.2
私营有限责任公司	210631.8	67024.6	120916.1
私营股份有限公司	3819.7	817.2	2848.1
其他企业	14.3		2.3
港、澳、台商投资企业	17340.6	5808.4	9227.9
与港澳台商合资经营企业	15901.7	5358.6	8344.6
与港澳台商合作经营企业			
港澳台商独资经营企业	270.5	231.8	560.3
港澳台商投资股份有限公司			
其他港澳台投资企业	1168.4	218.0	323.0
外商投资企业	3251.8	1292.4	4233.1
中外合资经营企业	167.1	55.2	349.0
中外合作经营企业			
外资企业	2886.5	1236.2	3491.7
外商投资股份有限公司			
其他外商投资	198.2	1.0	392.4

2-A-8 限额以上餐饮业法人企业财务状况

单位：万元

分组	资产总计	负债合计	营业收入
餐饮业	**186321.9**	**132620.2**	**86834.6**
按国民经济行业分组			
正餐服务	166727.6	117396.3	62002.4
快餐服务	19211.5	14765.5	24604.7
饮料及冷饮服务	382.8	458.4	227.5
茶馆服务			
咖啡馆服务			
酒吧服务			
其他饮料及冷饮服务	382.8	458.4	227.5
餐饮配送及外卖送餐服务			
餐饮配送服务			
外卖送餐服务			
其他餐饮业			
小吃服务			
其他未列明餐饮业			
按登记注册类型分组			
内资企业	167324.5	126095.9	74243.8
国有企业	33198.1	36248.3	4184.9
集体企业			
股份合作企业			
联营企业			
国有联营企业			
集体联营企业			
国有与集体联营企业			
其他联营企业			
有限责任公司	72065.4	55694.7	17175.9
国有独资公司	456.3	237.1	623.3
其他有限责任公司	71609.1	55457.6	16552.6
股份有限公司	1909.2	1263.4	2395.4
私营企业	60151.8	32889.5	50487.6
私营独资企业	3453.9	1047.9	3610.0
私营合伙企业			
私营有限责任公司	56519.0	31780.6	46477.8
私营股份有限公司	178.9	61.0	399.8
其他企业			
港、澳、台商投资企业	16172.2	5590.4	8904.9
与港澳台商合资经营企业	15901.7	5358.6	8344.6
与港澳台商合作经营企业			
港澳台商独资经营企业	270.5	231.8	560.3
港澳台商投资股份有限公司			
其他港澳台投资企业			
外商投资企业	2825.2	933.9	3685.9
中外合资经营企业			
中外合作经营企业			
外资企业	2628.0	932.9	3323.5
外商投资股份有限公司			
其他外商投资	197.2	1.0	362.4
按单位规模分组			
大型	17475.7	13563.0	23646.0
中型	25735.1	8321.3	14761.8
小型	142912.5	107174.4	45472.7
微型	198.6	3561.5	2954.1

B. 地区部分

2-B-1　分地区住宿业法人企业基本情况

地　区	法人单位数 (个)	年末从业人数 (人)
全　省	**1098**	**26434**
哈尔滨	573	15164
齐齐哈尔	57	1192
鸡　西	26	334
鹤　岗	18	734
双鸭山	16	282
大　庆	39	1553
伊　春	50	1354
佳木斯	50	771
七台河	11	273
牡丹江	130	2057
黑　河	55	1063
绥　化	37	746
大兴安岭	36	911

2-B-2　分地区住宿业法人企业基本情况(按国民经济行业分)

(旅游饭店)

地　区	法人单位数 (个)	从业人员期末人数 (人)
全　省	**317**	**14938**
哈尔滨	126	8601
齐齐哈尔	6	112
鸡　西	6	105
鹤　岗	5	320
双鸭山	NA	8
大　庆	11	1152
伊　春	28	1084
佳木斯	17	339
七台河	6	225
牡丹江	68	1381
黑　河	20	761
绥　化	9	231
大兴安岭	13	619

2-B-2 续表 1

(一般旅馆)

地 区	法人单位数 (个)	从业人员期末人数 (人)
全 省	**659**	**9361**
哈 尔 滨	381	5225
齐齐哈尔	36	818
鸡 西	18	192
鹤 岗	12	406
双 鸭 山	14	274
大 庆	22	271
伊 春	19	240
佳 木 斯	28	382
七 台 河	5	48
牡 丹 江	54	653
黑 河	29	264
绥 化	23	358
大兴安岭	18	230

2-B-2 续表 2

(民宿服务)

地 区	法人单位数 (个)	从业人员期末人数 (人)
全 省	**7**	**25**
哈 尔 滨	NA	17
齐齐哈尔	NA	
鸡 西		
鹤 岗		
双 鸭 山		
大 庆	NA	8
伊 春		
佳 木 斯		
七 台 河		
牡 丹 江	NA	
黑 河		
绥 化		
大兴安岭		

2-B-2　续表 3

(露营地服务)

地　区	法人单位数 (个)	从业人员期末人数 (人)
全　省	**NA**	**18**
哈 尔 滨		
齐齐哈尔		
鸡　西		
鹤　岗		
双 鸭 山		
大　庆		
伊　春	NA	18
佳 木 斯		
七 台 河		
牡 丹 江		
黑　河		
绥　化		
大兴安岭		

2-B-2　续表 4

(其他住宿业)

地　区	法人单位数 (个)	从业人员期末人数 (人)
全　省	**114**	**2092**
哈 尔 滨	64	1321
齐齐哈尔	14	262
鸡　西	NA	37
鹤　岗	NA	8
双 鸭 山		
大　庆	4	122
伊　春	NA	12
佳 木 斯	5	50
七 台 河		
牡 丹 江	6	23
黑　河	6	38
绥　化	5	157
大兴安岭	5	62

2-B-3 分地区住宿业法人企业基本情况(按登记注册类型分)

(内资企业)

地　区	法人单位数 (个)	从业人员期末人数 (人)
全　省	**1087**	**24665**
哈尔滨	566	13699
齐齐哈尔	57	1192
鸡　西	26	334
鹤　岗	18	734
双鸭山	16	282
大　庆	39	1553
伊　春	50	1354
佳木斯	50	771
七台河	11	273
牡丹江	128	1860
黑　河	55	1063
绥　化	35	639
大兴安岭	36	911

2-B-3 续表 1

(国有企业)

地　区	法人单位数 (个)	从业人员期末人数 (人)
全　省	**102**	**5282**
哈尔滨	34	3296
齐齐哈尔	5	53
鸡　西	4	79
鹤　岗	5	211
双鸭山	NA	98
大　庆	NA	162
伊　春	6	319
佳木斯	NA	32
七台河	NA	93
牡丹江	24	248
黑　河	7	198
绥　化	5	118
大兴安岭	5	375

2-B-3　续表 2

(集体企业)

地　区	法人单位数 (个)	从业人员期末人数 (人)
全　省	**35**	**300**
哈 尔 滨	24	243
齐齐哈尔		
鸡　西	NA	8
鹤　岗		
双 鸭 山		
大　庆	NA	2
伊　春		
佳 木 斯	NA	17
七 台 河		
牡 丹 江	7	30
黑　河		
绥　化		
大兴安岭		

2-B-3　续表 3

(股份合作企业)

地　区	法人单位数 (个)	从业人员期末人数 (人)
全　省	**NA**	**7**
哈 尔 滨		
齐齐哈尔		
鸡　西		
鹤　岗		
双 鸭 山		
大　庆		
伊　春		
佳 木 斯		
七 台 河		
牡 丹 江	NA	7
黑　河		
绥　化		
大兴安岭		

2-B-3 续表 4

(联营企业)

地　区	法人单位数(个)	从业人员期末人数(人)
全　省	**5**	**74**
哈尔滨	4	12
齐齐哈尔		
鸡　西		
鹤　岗		
双鸭山		
大　庆		
伊　春		
佳木斯		
七台河		
牡丹江		
黑　河		
绥　化		
大兴安岭	NA	62

2-B-3 续表 5

(有限责任公司)

地　区	法人单位数(个)	从业人员期末人数(人)
全　省	**262**	**7831**
哈尔滨	168	4942
齐齐哈尔	15	269
鸡　西	NA	16
鹤　岗	4	284
双鸭山	NA	136
大　庆	5	232
伊　春	11	203
佳木斯	9	296
七台河	NA	10
牡丹江	19	602
黑　河	8	352
绥　化	11	210
大兴安岭	5	279

2-B-3　续表 6

(股份有限公司)

地　　区	法人单位数(个)	从业人员期末人数(人)
全　　省	**36**	**1675**
哈 尔 滨	17	804
齐齐哈尔	NA	35
鸡　　西	NA	41
鹤　　岗		
双 鸭 山		
大　　庆	NA	483
伊　　春	NA	33
佳 木 斯		
七 台 河	NA	35
牡 丹 江	NA	24
黑　　河	NA	189
绥　　化	NA	16
大兴安岭	NA	15

2-B-3　续表 7

(私营企业)

地　　区	法人单位数(个)	从业人员期末人数(人)
全　　省	**639**	**9309**
哈 尔 滨	316	4217
齐齐哈尔	33	835
鸡　　西	15	190
鹤　　岗	9	239
双 鸭 山	11	48
大　　庆	29	674
伊　　春	30	797
佳 木 斯	38	426
七 台 河	7	135
牡 丹 江	73	949
黑　　河	37	324
绥　　化	17	295
大兴安岭	24	180

2-B-3 续表 8

(其他企业)

地 区	法人单位数(个)	从业人员期末人数(人)
全 省	**6**	**187**
哈尔滨	NA	185
齐齐哈尔	NA	
鸡 西		
鹤 岗		
双鸭山		
大 庆		
伊 春	NA	2
佳木斯		
七台河		
牡丹江		
黑 河		
绥 化		
大兴安岭		

2-B-3 续表 9

(港、澳、台商投资企业)

地 区	法人单位数(个)	从业人员期末人数(人)
全 省	**8**	**1169**
哈尔滨	5	893
齐齐哈尔		
鸡 西		
鹤 岗		
双鸭山		
大 庆		
伊 春		
佳木斯		
七台河		
牡丹江	NA	169
黑 河		
绥 化	NA	107
大兴安岭		

2-B-3　续表 10

(外商投资企业)

地　区	法人单位数 (个)	从业人员期末人数 (人)
全　省	**NA**	**600**
哈尔滨	NA	572
齐齐哈尔		
鸡　西		
鹤　岗		
双鸭山		
大　庆		
伊　春		
佳木斯		
七台河		
牡丹江	NA	28
黑　河		
绥　化		
大兴安岭		

2-B-4　分地区住宿业法人企业基本情况(按星级分)

(一星)

地　区	法人单位数 (个)	从业人员期末人数 (人)
全　省	**37**	**294**
哈尔滨	24	156
齐齐哈尔	4	44
鸡　西		
鹤　岗		
双鸭山		
大　庆	NA	36
伊　春	NA	24
佳木斯	NA	32
七台河		
牡丹江	NA	2
黑　河		
绥　化		
大兴安岭		

2-B-4 续表 1

(二星)

地　区	法人单位数 (个)	从业人员期末人数 (人)
全　省	**49**	**561**
哈尔滨	23	197
齐齐哈尔	NA	7
鸡　西	NA	20
鹤　岗		
双鸭山		
大　庆	NA	
伊　春		
佳木斯	NA	4
七台河	NA	15
牡丹江	10	143
黑　河	5	37
绥　化	4	76
大兴安岭	NA	62

2-B-4 续表 2

(三星)

地　区	法人单位数 (个)	从业人员期末人数 (人)
全　省	**136**	**3288**
哈尔滨	74	1777
齐齐哈尔	8	271
鸡　西	4	72
鹤　岗	NA	30
双鸭山	NA	
大　庆	5	83
伊　春	4	123
佳木斯	7	105
七台河	NA	24
牡丹江	18	375
黑　河	NA	59
绥　化	5	190
大兴安岭	4	179

2-B-4　续表 3

(四星)

地　区	法人单位数（个）	从业人员期末人数（人）
全　省	**72**	**6285**
哈尔滨	39	3665
齐齐哈尔	NA	36
鸡　西	NA	28
鹤　岗	5	294
双鸭山	NA	45
大　庆	5	763
伊　春	NA	156
佳木斯	NA	66
七台河	NA	70
牡丹江	4	383
黑　河	4	351
绥　化		
大兴安岭	5	428

2-B-4　续表 4

(五星)

地　区	法人单位数（个）	从业人员期末人数（人）
全　省	**20**	**1875**
哈尔滨	8	1120
齐齐哈尔		
鸡　西		
鹤　岗	NA	105
双鸭山	NA	2
大　庆		
伊　春		
佳木斯	NA	84
七台河		
牡丹江	4	336
黑　河	NA	188
绥　化		
大兴安岭	NA	40

2-B-4 续表 5

(其他)

地 区	法人单位数 (个)	从业人员期末人数 (人)
全 省	**784**	**14131**
哈尔滨	405	8249
齐齐哈尔	42	834
鸡 西	20	214
鹤 岗	9	305
双鸭山	12	235
大 庆	26	671
伊 春	42	1051
佳木斯	36	480
七台河	8	164
牡丹江	91	818
黑 河	40	428
绥 化	28	480
大兴安岭	25	202

2-B-5 分地区住宿业法人企业财务状况

单位：万元

地 区	资产总计	负债合计	营业收入
全 省	**1779392.3**	**1181427.5**	**412690.3**
哈尔滨	1058689.3	798630.8	282818.3
齐齐哈尔	43932.5	22334.4	12032.9
鸡 西	15687.3	9693.1	3132.2
鹤 岗	19868.3	16797.6	7135.2
双鸭山	29213.9	16150.4	2526.2
大 庆	57948.1	39010.9	17478.1
伊 春	175788.9	124400.2	17846.8
佳木斯	43075.5	8912.4	13022.2
七台河	18779.6	6515.7	3381.8
牡丹江	101581.8	53419.8	24936.4
黑 河	104148.5	32739.2	12687.9
绥 化	30211.9	10331.7	7478.1
大兴安岭	80466.6	42491.6	8214.3

2-B-6 分地区住宿业法人企业财务状况(按国民经济行业分)

(旅游饭店) 单位：万元

地 区	资产总计	负债合计	营业收入
全 省	**1238932.7**	**796947.8**	**222758.4**
哈尔滨	699882.0	483737.1	150798.6
齐齐哈尔	3649.2	1664.3	1360.0
鸡 西	12808.5	9452.7	931.3
鹤 岗	13828.3	13705.3	3870.4
双鸭山	15000.0		
大 庆	40857.7	33885.0	13906.4
伊 春	156386.6	122775.2	9546.5
佳木斯	21517.9	6378.3	4412.9
七台河	13832.0	6171.3	2608.4
牡丹江	76002.7	43105.6	16255.7
黑 河	97162.7	28312.2	10069.3
绥 化	20395.1	7102.9	2743.7
大兴安岭	67610.0	40657.9	6255.2

2-B-6 续表 1

(一般旅馆) 单位：万元

地 区	资产总计	负债合计	营业收入
全 省	**418474.8**	**277472.3**	**144246.7**
哈尔滨	271325.0	216582.7	94260.5
齐齐哈尔	29811.1	13191.2	6889.6
鸡 西	2662.8	190.4	1995.7
鹤 岗	5840.0	3092.3	3223.9
双鸭山	14213.9	16150.4	2526.2
大 庆	9339.5	4860.3	2533.0
伊 春	11760.2	1450.2	8238.6
佳木斯	20449.1	2409.1	8515.0
七台河	4947.7	344.4	773.4
牡丹江	24664.1	10314.2	8547.4
黑 河	6496.0	4398.2	2054.9
绥 化	8482.9	2664.1	3019.1
大兴安岭	8482.5	1824.9	1669.4

2-B-6 续表 2

(民宿服务) 单位：万元

地　区	资产总计	负债合计	营业收入
全　省	**67.5**	**35.4**	**222.2**
哈尔滨	47.3	13.0	76.3
齐齐哈尔			
鸡　西			
鹤　岗			
双鸭山			
大　庆	20.1	22.4	145.8
伊　春			
佳木斯			
七台河			
牡丹江			
黑　河			
绥　化			
大兴安岭			

2-B-6 续表 3

(露营地服务) 单位：万元

地　区	资产总计	负债合计	营业收入
全　省	**5891.6**	**2.5**	
哈尔滨			
齐齐哈尔			
鸡　西			
鹤　岗			
双鸭山			
大　庆			
伊　春	5891.6	2.5	
佳木斯			
七台河			
牡丹江			
黑　河			
绥　化			
大兴安岭			

2-B-6　续表 4

(其他住宿业)　　单位：万元

地　区	资产总计	负债合计	营业收入
全　省	**116025.7**	**106969.6**	**45463.1**
哈尔滨	87434.9	98298.0	37682.9
齐齐哈尔	10472.2	7478.9	3783.3
鸡　西	216.0	50.0	205.2
鹤　岗	200.0		40.9
双鸭山			
大　庆	7730.8	243.2	892.9
伊　春	1750.5	172.3	61.7
佳木斯	1108.5	125.0	94.3
七台河			
牡丹江	915.0		133.3
黑　河	489.9	28.8	563.7
绥　化	1333.9	564.6	1715.2
大兴安岭	4374.1	8.8	289.8

2-B-7　分地区住宿业法人企业财务状况(按登记注册类型分)

(内资企业)　　单位：万元

地　区	资产总计	负债合计	营业收入
全　省	**1513112.1**	**989112.1**	**374038.7**
哈尔滨	807348.8	613052.0	249533.3
齐齐哈尔	43932.5	22334.4	12032.9
鸡　西	15687.3	9693.1	3132.2
鹤　岗	19868.3	16797.6	7135.2
双鸭山	29213.9	16150.4	2526.2
大　庆	57948.1	39010.9	17478.1
伊　春	175788.9	124400.2	17846.8
佳木斯	43075.5	8912.4	13022.2
七台河	18779.6	6515.7	3381.8
牡丹江	99710.9	53658.3	21450.9
黑　河	104148.5	32739.2	12687.9
绥　化	17143.1	3356.5	5597.0
大兴安岭	80466.6	42491.6	8214.3

2-B-7 续表 1

(国有企业) 单位：万元

地 区	资产总计	负债合计	营业收入
全 省	**349107.3**	**250866.2**	**73673.1**
哈尔滨	154956.8	118336.8	55955.1
齐齐哈尔	1470.7	410.6	368.4
鸡 西	1208.0	35.2	262.1
鹤 岗	3137.5	2078.2	1223.2
双鸭山	9889.8	13562.7	916.4
大 庆	7967.7	189.7	775.2
伊 春	109666.4	99599.7	7575.2
佳木斯	1008.7	992.1	188.6
七台河	4258.1	93.6	569.9
牡丹江	16689.9	11433.0	1580.3
黑 河	9799.3	2533.4	1310.7
绥 化	1212.8	336.6	343.6
大兴安岭	27841.7	1264.7	2604.4

2-B-7 续表 2

(集体企业) 单位：万元

地 区	资产总计	负债合计	营业收入
全 省	**6319.8**	**1477.0**	**3523.7**
哈尔滨	5050.4	1399.5	3093.0
齐齐哈尔			
鸡 西	65.0	75.0	218.0
鹤 岗			
双鸭山			
大 庆			6.0
伊 春			
佳木斯	171.1		65.5
七台河			
牡丹江	1033.3	2.5	141.2
黑 河			
绥 化			
大兴安岭			

2-B-7　续表 3

(股份合作企业)　　单位：万元

地　区	资产总计	负债合计	营业收入
全　省	**1034.9**	**159.4**	**55.5**
哈尔滨			
齐齐哈尔			
鸡　西			
鹤　岗			
双鸭山			
大　庆			
伊　春			
佳木斯			
七台河			
牡丹江	1034.9	159.4	55.5
黑　河			
绥　化			
大兴安岭			

2-B-7　续表 4

(联营企业)　　单位：万元

地　区	资产总计	负债合计	营业收入
全　省	**914.7**	**16.6**	**214.4**
哈尔滨	56.9	16.6	68.8
齐齐哈尔			
鸡　西			
鹤　岗			
双鸭山			
大　庆			
伊　春			
佳木斯			
七台河			
牡丹江			
黑　河			
绥　化			
大兴安岭	857.8		145.6

2-B-7 续表 5

(有限责任公司) 单位：万元

地　区	资产总计	负债合计	营业收入
全　省	**479760.8**	**372771.7**	**116263.0**
哈尔滨	315405.5	270909.3	78290.4
齐齐哈尔	7108.2	4922.2	2496.6
鸡　西	4170.3	4686.3	92.1
鹤　岗	13265.0	11614.3	3663.6
双鸭山	1346.6	1063.7	1272.1
大　庆	5613.3	1879.3	1805.7
伊　春	19916.1	3890.4	2426.1
佳木斯	16899.7	1082.3	7404.7
七台河	346.1	23.9	415.6
牡丹江	40766.4	30738.4	6833.5
黑　河	11610.5	2499.6	5417.0
绥　化	3995.2	206.0	2233.7
大兴安岭	39317.8	39256.1	3912.1

2-B-7 续表 6

(股份有限公司) 单位：万元

地　区	资产总计	负债合计	营业收入
全　省	**101278.3**	**59386.4**	**27728.2**
哈尔滨	24486.8	29471.8	17471.4
齐齐哈尔	166.4	39.1	777.1
鸡　西	5479.7	3202.2	301.3
鹤　岗			
双鸭山			
大　庆	14515.2	5671.0	3492.8
伊　春	2549.0	74.0	2190.9
佳木斯			
七台河	5134.7	533.2	313.7
牡丹江	1429.6	589.6	364.1
黑　河	47376.6	19755.9	2550.7
绥　化	13.6	0.5	132.2
大兴安岭	126.8	49.3	134.0

2-B-7　续表 7

(私营企业)　单位：万元

地　区	资产总计	负债合计	营业收入
全　省	**565022.5**	**304432.8**	**151370.6**
哈尔滨	297741.6	192918.1	93463.3
齐齐哈尔	35187.3	16962.4	8390.7
鸡　西	4764.3	1694.4	2258.7
鹤　岗	3465.8	3105.1	2248.4
双鸭山	17977.5	1524.0	337.7
大　庆	29851.9	31270.9	11398.4
伊　春	43634.4	20834.1	5635.6
佳木斯	24996.0	6838.0	5363.4
七台河	9040.8	5865.0	2082.6
牡丹江	38756.8	10735.5	12476.4
黑　河	35362.2	7950.4	3409.5
绥　化	11921.4	2813.5	2887.6
大兴安岭	12322.6	1921.5	1418.3

2-B-7　续表 8

(其他企业)　单位：万元

地　区	资产总计	负债合计	营业收入
全　省	**9673.7**	**2.0**	**1210.3**
哈尔滨	9650.7		1191.3
齐齐哈尔			
鸡　西			
鹤　岗			
双鸭山			
大　庆			
伊　春	23.0	2.0	19.0
佳木斯			
七台河			
牡丹江			
黑　河			
绥　化			
大兴安岭			

2-B-7 续表 9

(港、澳、台商投资企业) 单位：万元

地　区	资产总计	负债合计	营业收入
全　省	**216230.1**	**179543.9**	**23493.2**
哈 尔 滨	201361.4	174958.4	18309.5
齐齐哈尔			
鸡　西			
鹤　岗			
双 鸭 山			
大　庆			
伊　春			
佳 木 斯			
七 台 河			
牡 丹 江	1799.9	-2389.7	3302.7
黑　河			
绥　化	13068.8	6975.2	1881.0
大兴安岭			

2-B-7 续表 10

(外商投资企业) 单位：万元

地　区	资产总计	负债合计	营业收入
全　省	**50050.1**	**12771.6**	**15158.3**
哈 尔 滨	49979.1	10620.4	14975.5
齐齐哈尔			
鸡　西			
鹤　岗			
双 鸭 山			
大　庆			
伊　春			
佳 木 斯			
七 台 河			
牡 丹 江	71.0	2151.2	182.8
黑　河			
绥　化			
大兴安岭			

2-B-8　分地区住宿业法人企业财务状况(按星级分)

(一星)　　单位：万元

地　区	资产总计	负债合计	营业收入
全　省	**7098.8**	**2145.3**	**3329.0**
哈尔滨	3030.3	1034.3	2168.2
齐齐哈尔	548.5	439.7	347.7
鸡　西			
鹤　岗			
双鸭山			
大　庆	612.9	278.1	309.4
伊　春	2421.9	73.6	197.8
佳木斯	335.2	319.5	251.7
七台河			
牡丹江	150.0		54.2
黑　河			
绥　化			
大兴安岭			

2-B-8　续表 1

(二星)　　单位：万元

地　区	资产总计	负债合计	营业收入
全　省	**12030.0**	**6028.8**	**6241.2**
哈尔滨	4462.9	3991.3	3913.3
齐齐哈尔	200.0		50.0
鸡　西	604.9	304.9	176.3
鹤　岗			
双鸭山			
大　庆	25.0		
伊　春			
佳木斯	60.0	10.0	5.0
七台河	500.0		150.0
牡丹江	3825.2	1358.9	1150.3
黑　河	1099.0	50.7	405.0
绥　化	395.1	313.0	245.8
大兴安岭	857.8		145.6

2-B-8 续表 2

(三星)

单位：万元

地　区	资产总计	负债合计	营业收入
全　省	**165676.1**	**94154.3**	**62557.1**
哈尔滨	97063.2	55405.6	45047.1
齐齐哈尔	12435.2	4866.0	2947.2
鸡　西	2911.4	1309.3	677.8
鹤　岗	660.9	662.9	452.3
双鸭山			
大　庆	3061.3	2518.6	945.5
伊　春	3341.8	1472.2	2540.8
佳木斯	7312.5	1753.3	937.7
七台河	2352.7	1619.7	232.4
牡丹江	14873.4	15935.4	4455.8
黑　河	2065.6	1285.6	595.8
绥　化	14993.9	7252.9	2794.5
大兴安岭	4604.2	72.9	930.1

2-B-8 续表 3

(四星)

单位：万元

地　区	资产总计	负债合计	营业收入
全　省	**387589.8**	**261979.9**	**98095.4**
哈尔滨	244088.3	168797.9	64811.7
齐齐哈尔	3002.3	320.4	463.6
鸡　西	3659.6	3182.1	121.2
鹤　岗	11470.0	11149.0	3640.2
双鸭山	1248.2	1000.0	352.0
大　庆	33673.0	16516.9	8875.2
伊　春	3085.9	2389.1	1296.6
佳木斯	4477.4	893.4	1821.9
七台河	5736.9	3900.4	815.2
牡丹江	16294.1	9585.2	5590.2
黑　河	18550.3	2511.1	5281.1
绥　化			
大兴安岭	42303.8	41734.4	5026.4

2-B-8　续表 4

(五星)　单位：万元

地　区	资产总计	负债合计	营业收入
全　省	**339404.9**	**206838.9**	**37558.8**
哈尔滨	254635.6	171030.4	28454.9
齐齐哈尔			
鸡　西			
鹤　岗	2452.0	2306.6	543.4
双鸭山	2.3		14.4
大　庆			
伊　春			
佳木斯	9895.9	5136.3	510.2
七台河			
牡丹江	9377.5	9727.5	5067.5
黑　河	45007.5	18100.9	2209.1
绥　化			
大兴安岭	18034.1	537.2	759.3

2-B-8　续表 5

(其他)　单位：万元

地　区	资产总计	负债合计	营业收入
全　省	**867592.7**	**610280.3**	**204908.8**
哈尔滨	455408.9	398371.3	138423.1
齐齐哈尔	27746.5	16708.3	8224.3
鸡　西	8511.4	4896.8	2156.9
鹤　岗	5285.4	2679.1	2499.3
双鸭山	27963.4	15150.4	2159.8
大　庆	20575.9	19697.3	7348.0
伊　春	166939.3	120465.3	13811.6
佳木斯	20994.5	799.9	9495.7
七台河	10190.0	995.6	2184.2
牡丹江	57061.6	16812.7	8618.4
黑　河	37426.1	10790.9	4196.8
绥　化	14822.9	2765.8	4437.8
大兴安岭	14666.7	147.0	1352.9

2-B-9 分地区餐饮业法人企业基本情况

地　区	法人单位数(个)	从业人员期末人数(人)	年末餐饮营业面积(万平方米)
全　省	**1600**	**15326**	**90.2**
哈尔滨	817	7928	35.6
齐齐哈尔	100	786	6.1
鸡　西	64	823	4.4
鹤　岗	25	161	0.5
双鸭山	39	321	2.4
大　庆	130	955	5.4
伊　春	39	244	3.4
佳木斯	102	1278	8.6
七台河	13	158	1.2
牡丹江	103	1106	8.5
黑　河	44	430	3.3
绥　化	107	1049	10.2
大兴安岭	17	87	0.7

2-B-10 分地区餐饮业法人企业基本情况(按国民经济行业分)

(正餐服务)

地　区	法人单位数(个)	从业人员期末人数(人)	年末餐饮营业面积(万平方米)
全　省	**1225**	**11862**	**78.9**
哈尔滨	627	5901	31.8
齐齐哈尔	80	611	5.5
鸡　西	55	709	4.0
鹤　岗	15	143	0.3
双鸭山	31	241	2.3
大　庆	91	679	4.9
伊　春	32	227	3.3
佳木斯	72	1015	4.9
七台河	10	139	1.2
牡丹江	78	869	7.4
黑　河	31	334	2.9
绥　化	90	916	9.7
大兴安岭	13	78	0.6

2-B-10　续表 1

(快餐服务)

地　区	法人单位数 (个)	从业人员期末人数 (人)	年末餐饮营业面积 (万平方米)
全　省	**145**	**1857**	**4.5**
哈尔滨	78	1394	2.3
齐齐哈尔	5	13	0.1
鸡　西	NA	28	0.2
鹤　岗	7	13	0.1
双鸭山	4	26	0.1
大　庆	9	55	0.2
伊　春	NA	12	
佳木斯	15	52	0.7
七台河	NA	13	
牡丹江	10	99	0.5
黑　河	NA	50	0.3
绥　化	6	93	0.2
大兴安岭	NA	9	

2-B-10　续表 2

(饮料及冷饮服务)

地　区	法人单位数 (个)	从业人员期末人数 (人)	年末餐饮营业面积 (万平方米)
全　省	**27**	**144**	**0.3**
哈尔滨	16	106	0.2
齐齐哈尔	4	12	0.1
鸡　西			
鹤　岗			
双鸭山			
大　庆			
伊　春			
佳木斯	NA	22	
七台河			
牡丹江	4	4	
黑　河	NA		
绥　化			
大兴安岭			

2-B-10 续表 3

(餐饮配送及外卖送餐服务)

地　区	法人单位数(个)	从业人员期末人数(人)	年末餐饮营业面积(万平方米)
全　省	**83**	**890**	**2.3**
哈尔滨	29	256	0.4
齐齐哈尔	5	76	0.2
鸡　西	4	51	
鹤　岗	NA		
双鸭山	NA	45	
大　庆	12	157	0.1
伊　春	4	5	
佳木斯	10	152	0.9
七台河			
牡丹江	4	98	0.4
黑　河	5	43	
绥　化	5	7	0.1
大兴安岭	NA		

2-B-10 续表 4

(其他餐饮业)

地　区	法人单位数(个)	从业人员期末人数(人)	年末餐饮营业面积(万平方米)
全　省	**120**	**573**	**4.1**
哈尔滨	67	271	1.0
齐齐哈尔	6	74	0.3
鸡　西	4	35	0.2
鹤　岗	NA	5	
双鸭山	NA	9	
大　庆	18	64	0.2
伊　春			
佳木斯	NA	37	2.0
七台河	NA	6	
牡丹江	7	36	0.1
黑　河	4	3	
绥　化	6	33	0.1
大兴安岭			

2-B-11　分地区餐饮业法人企业基本情况(按登记注册类型分)

(内资企业)

地　区	法人单位数(个)	从业人员期末人数(人)	年末餐饮营业面积(万平方米)
全　省	**1586**	**14551**	**88.1**
哈尔滨	806	7245	33.7
齐齐哈尔	100	786	6.1
鸡　西	64	823	4.4
鹤　岗	25	161	0.5
双鸭山	39	321	2.4
大　庆	129	925	5.4
伊　春	39	244	3.4
佳木斯	102	1278	8.6
七台河	13	158	1.2
牡丹江	102	1046	8.3
黑　河	44	430	3.3
绥　化	106	1047	10.2
大兴安岭	17	87	0.7

2-B-11　续表 1

(国有企业)

地　区	法人单位数(个)	从业人员期末人数(人)	年末餐饮营业面积(万平方米)
全　省	**47**	**746**	**11.9**
哈尔滨	4	192	3.9
齐齐哈尔	NA	45	0.3
鸡　西	NA	93	1.1
鹤　岗			
双鸭山	NA	65	0.2
大　庆	NA	38	0.8
伊　春	NA	10	0.5
佳木斯	5	205	2.8
七台河	NA	60	0.3
牡丹江	NA	23	0.5
黑　河	NA	15	0.2
绥　化	24		1.3
大兴安岭			

2-B-11 续表 2

(集体企业)

地 区	法人单位数(个)	从业人员期末人数(人)	年末餐饮营业面积(万平方米)
全 省	**8**	**55**	**0.2**
哈尔滨	4	28	0.1
齐齐哈尔	NA	18	0.1
鸡 西	NA	6	
鹤 岗			
双鸭山			
大 庆			
伊 春			
佳木斯			
七台河			
牡丹江			
黑 河	NA	3	
绥 化			
大兴安岭			

2-B-11 续表 3

(股份合作企业)

地 区	法人单位数(个)	从业人员期末人数(人)	年末餐饮营业面积(万平方米)
全 省	**NA**	**20**	
哈尔滨			
齐齐哈尔			
鸡 西			
鹤 岗			
双鸭山			
大 庆			
伊 春			
佳木斯	NA	20	
七台河			
牡丹江			
黑 河			
绥 化			
大兴安岭			

2-B-11　续表 4

(联营企业)

地　区	法人单位数(个)	从业人员期末人数(人)	年末餐饮营业面积(万平方米)
全　省	**NA**	**32**	
哈尔滨	NA	28	
齐齐哈尔			
鸡　西			
鹤　岗			
双鸭山			
大　庆	NA	4	
伊　春			
佳木斯			
七台河			
牡丹江			
黑　河			
绥　化			
大兴安岭			

2-B-11　续表 5

(有限责任公司)

地　区	法人单位数(个)	从业人员期末人数(人)	年末餐饮营业面积(万平方米)
全　省	**266**	**2730**	**16.7**
哈尔滨	170	1463	9.5
齐齐哈尔	14	126	0.9
鸡　西	10	185	0.8
鹤　岗	4	1	
双鸭山	4	17	0.1
大　庆	15	112	0.5
伊　春	8	135	0.6
佳木斯	11	284	1.2
七台河			
牡丹江	12	151	0.9
黑　河	NA	6	0.1
绥　化	15	245	2.0
大兴安岭	NA	5	

2-B-11 续表 6

(股份有限公司)

地 区	法人单位数(个)	从业人员期末人数(人)	年末餐饮营业面积(万平方米)
全 省	**32**	**459**	**2.0**
哈尔滨	17	106	1.0
齐齐哈尔	NA	39	
鸡 西	NA	30	
鹤 岗			
双鸭山	NA	11	
大 庆	NA	6	0.1
伊 春			
佳木斯	4	249	0.8
七台河	NA	5	
牡丹江	NA	4	
黑 河			
绥 化			
大兴安岭	NA	9	

2-B-11 续表 7

(私营企业)

地 区	法人单位数(个)	从业人员期末人数(人)	年末餐饮营业面积(万平方米)
全 省	**1228**	**10505**	**57.2**
哈尔滨	609	5428	19.1
齐齐哈尔	82	558	4.8
鸡 西	47	509	2.5
鹤 岗	21	160	0.4
双鸭山	32	228	2.1
大 庆	109	765	4.0
伊 春	30	99	2.3
佳木斯	81	520	3.7
七台河	11	93	0.9
牡丹江	84	864	6.8
黑 河	40	406	3.0
绥 化	67	802	6.8
大兴安岭	15	73	0.6

2-B-11　续表 8

(其他企业)

地　区	法人单位数 (个)	从业人员期末人数 (人)	年末餐饮营业面积 (万平方米)
全　省	**NA**	**4**	**0.1**
哈尔滨			
齐齐哈尔			
鸡　西			
鹤　岗			
双鸭山			
大　庆			
伊　春			
佳木斯			
七台河			
牡丹江	NA	4	0.1
黑　河			
绥　化			
大兴安岭			

2-B-11　续表 9

(港、澳、台商投资企业)

地　区	法人单位数 (个)	从业人员期末人数 (人)	年末餐饮营业面积 (万平方米)
全　省	**4**	**534**	**1.0**
哈尔滨	NA	444	0.8
齐齐哈尔			
鸡　西			
鹤　岗			
双鸭山			
大　庆	NA	30	
伊　春			
佳木斯			
七台河			
牡丹江	NA	60	0.2
黑　河			
绥　化			
大兴安岭			

2-B-11 续表 10

(外商投资企业)

地区	法人单位数(个)	从业人员期末人数(人)	年末餐饮营业面积(万平方米)
全省	**10**	**241**	**1.2**
哈尔滨	9	239	1.2
齐齐哈尔			
鸡西			
鹤岗			
双鸭山			
大庆			
伊春			
佳木斯			
七台河			
牡丹江			
黑河			
绥化	NA	2	
大兴安岭			

2-B-12 分地区餐饮业法人企业财务状况

单位：万元

地区	资产总计	负债合计	营业收入
全省	**406236.1**	**215463.3**	**200635.9**
哈尔滨	167516.1	84956.2	128162.8
齐齐哈尔	15769.2	4438.1	6058.3
鸡西	66791.9	64410.9	10969.1
鹤岗	661.5	80.6	655.9
双鸭山	18488.8	4897.1	2129.3
大庆	19649.1	11097.9	9780.1
伊春	9839.5	3032.8	4229.4
佳木斯	28416.3	32073.7	12270.5
七台河	742.7	0.2	816.1
牡丹江	25254.5	3605.3	9915.1
黑河	6212.4	4438.5	3611.6
绥化	45831.2	2380.8	11308.7
大兴安岭	1063.1	51.3	729.0

2-B-13　分地区餐饮业法人企业财务状况(按国民经济行业分)

(正餐服务)　　单位：万元

地　区	资产总计	负债合计	营业收入
全　省	**349651.2**	**177326.4**	**149820.4**
哈尔滨	124283.5	53476.1	88719.2
齐齐哈尔	15126.2	4380.2	5190.9
鸡　西	66268.3	64246.4	10509.0
鹤　岗	126.4	79.1	524.6
双鸭山	18119.9	4824.5	1911.3
大　庆	15679.1	6991.7	7421.7
伊　春	9805.5	3030.5	4186.7
佳木斯	25454.2	31221.7	10237.0
七台河	697.7		716.1
牡丹江	22315.2	2458.8	6779.6
黑　河	5921.5	4438.5	2861.0
绥　化	44838.6	2127.6	10171.4
大兴安岭	1015.1	51.3	592.0

2-B-13　续表 1

(快餐服务)　　单位：万元

地　区	资产总计	负债合计	营业收入
全　省	**26582.2**	**18542.7**	**32879.8**
哈尔滨	22731.0	17248.7	28866.7
齐齐哈尔	54.9	2.0	111.6
鸡　西	1.2	1.0	21.5
鹤　岗	45.0	1.5	115.4
双鸭山	302.0		199.0
大　庆	427.6	307.5	925.1
伊　春	2.2	2.3	29.9
佳木斯	1461.8	725.5	387.6
七台河	25.0	0.2	59.9
牡丹江	542.4	0.8	1045.2
黑　河	81.6		252.0
绥　化	867.5	253.1	728.9
大兴安岭	40.0		137.0

2-B-13 续表 2

(饮料及冷饮服务) 单位：万元

地 区	资产总计	负债合计	营业收入
全 省	**2043.7**	**949.9**	**1321.4**
哈尔滨	1907.6	945.0	1186.3
齐齐哈尔	7.2	0.3	16.5
鸡 西			
鹤 岗			
双鸭山			
大 庆			
伊 春			
佳木斯	29.1	4.0	97.1
七台河			
牡丹江	89.9	0.6	21.6
黑 河	10.0		
绥 化			
大兴安岭			

2-B-13 续表 3

(餐饮配送及外卖送餐服务) 单位：万元

地 区	资产总计	负债合计	营业收入
全 省	**18507.9**	**13475.1**	**11511.6**
哈尔滨	11110.0	8331.5	7076.9
齐齐哈尔	378.4	0.9	344.9
鸡 西	302.8	61.4	134.8
鹤 岗			
双鸭山	36.9	72.6	17.0
大 庆	3196.0	3741.2	967.2
伊 春	31.8		12.9
佳木斯	1081.2	122.5	941.3
七台河			
牡丹江	2160.0	1145.1	1479.2
黑 河	189.3		479.8
绥 化	13.6		57.7
大兴安岭	8.0		

2-B-13　续表 4

(其他餐饮业)　单位：万元

地　区	资产总计	负债合计	营业收入
全　省	**9451.1**	**5169.2**	**5102.7**
哈尔滨	7484.1	4954.9	2313.7
齐齐哈尔	202.4	54.6	394.4
鸡　西	219.6	102.1	303.9
鹤　岗	490.1		15.9
双鸭山	30.0		2.0
大　庆	346.5	57.4	466.1
伊　春			
佳木斯	390.0		607.5
七台河	20.0		40.0
牡丹江	147.0		589.7
黑　河	10.0		18.8
绥　化	111.5	0.2	350.6
大兴安岭			

2-B-14　分地区餐饮业法人企业财务状况(按登记注册类型分)

(内资企业)　单位：万元

地　区	资产总计	负债合计	营业收入
全　省	**385643.7**	**208362.6**	**187175.0**
哈尔滨	147271.9	78087.7	115304.1
齐齐哈尔	15769.2	4438.1	6058.3
鸡　西	66791.9	64410.9	10969.1
鹤　岗	661.5	80.6	655.9
双鸭山	18488.8	4897.1	2129.3
大　庆	19572.4	11097.5	9768.1
伊　春	9839.5	3032.8	4229.4
佳木斯	28416.3	32073.7	12270.5
七台河	742.7	0.2	816.1
牡丹江	24984.0	3373.5	9354.8
黑　河	6212.4	4438.5	3611.6
绥　化	45830.2	2380.8	11278.7
大兴安岭	1063.1	51.3	729.0

2-B-14 续表 1

(国有企业) 单位：万元

地　区	资产总计	负债合计	营业收入
全　省	**39890.5**	**41620.0**	**7662.0**
哈尔滨	1564.2	1.0	771.2
齐齐哈尔	127.3	48.8	395.3
鸡　西	27240.1	27228.1	416.2
鹤　岗			
双鸭山	1600.0	1200.0	500.0
大　庆	326.4	5547.7	1373.5
伊　春	70.0		927.3
佳木斯	8520.3	7172.6	3072.6
七台河	80.0		25.0
牡丹江	296.9	395.8	114.7
黑　河	65.3	26.1	66.1
绥　化			
大兴安岭			

2-B-14 续表 2

(集体企业) 单位：万元

地　区	资产总计	负债合计	营业收入
全　省	**367.2**	**134.5**	**571.2**
哈尔滨	144.2	119.5	299.2
齐齐哈尔	42.0	10.0	34.0
鸡　西	81.0	5.0	208.0
鹤　岗			
双鸭山			
大　庆			
伊　春			
佳木斯			
七台河			
牡丹江			
黑　河	100.0		30.0
绥　化			
大兴安岭			

2-B-14　续表 3

(股份合作企业)　　单位：万元

地　区	资产总计	负债合计	营业收入
全　省	**19.1**	**4.0**	**84.1**
哈尔滨			
齐齐哈尔			
鸡　西			
鹤　岗			
双鸭山			
大　庆			
伊　春			
佳木斯	19.1	4.0	84.1
七台河			
牡丹江			
黑　河			
绥　化			
大兴安岭			

2-B-14　续表 4

(联营企业)　　单位：万元

地　区	资产总计	负债合计	营业收入
全　省	**31.5**	**2.1**	**239.2**
哈尔滨	23.5	2.1	213.3
齐齐哈尔			
鸡　西			
鹤　岗			
双鸭山			
大　庆	8.0		25.9
伊　春			
佳木斯			
七台河			
牡丹江			
黑　河			
绥　化			
大兴安岭			

2-B-14 续表 5

(有限责任公司) 单位：万元

地　区	资产总计	负债合计	营业收入
全　省	**110715.4**	**74961.3**	**35659.6**
哈尔滨	42389.3	27592.5	20155.0
齐齐哈尔	8295.4	3251.5	1310.1
鸡　西	33175.3	35708.9	3355.0
鹤　岗	0.1		15.9
双鸭山	140.0		13.0
大　庆	12524.1	3203.1	1959.6
伊　春	2530.9	453.9	2032.2
佳木斯	4668.3	3379.4	2490.4
七台河			
牡丹江	1561.7	131.6	1484.6
黑　河	18.9	18.9	83.9
绥　化	5391.4	1221.4	2670.9
大兴安岭	20.0		89.0

2-B-14 续表 6

(股份有限公司) 单位：万元

地　区	资产总计	负债合计	营业收入
全　省	**3153.0**	**2118.7**	**4647.3**
哈尔滨	918.2	832.2	1677.4
齐齐哈尔	185.0		262.0
鸡　西	132.9		505.4
鹤　岗			
双鸭山	210.0		88.0
大　庆	156.0	20.0	75.0
伊　春			
佳木斯	1512.8	1259.1	2006.3
七台河	20.0		19.7
牡丹江	11.0		13.5
黑　河			
绥　化			
大兴安岭	7.1	7.4	

2-B-14　续表 7

(私营企业)　　单位：万元

地　区	资产总计	负债合计	营业收入
全　省	**231452.8**	**89522.0**	**138309.5**
哈尔滨	102232.4	49540.4	92188.0
齐齐哈尔	7119.5	1127.7	4056.9
鸡　西	6162.6	1468.8	6484.6
鹤　岗	661.4	80.6	640.0
双鸭山	16538.8	3697.1	1528.3
大　庆	6557.8	2326.7	6334.2
伊　春	7238.5	2578.9	1269.9
佳木斯	13695.8	20258.5	4617.2
七台河	642.7	0.2	771.3
牡丹江	23100.2	2846.1	7739.7
黑　河	6028.2	4393.5	3431.6
绥　化	40438.8	1159.5	8607.8
大兴安岭	1036.0	43.9	640.0

2-B-14　续表 8

(其他企业)　　单位：万元

地　区	资产总计	负债合计	营业收入
全　省	**14.3**		**2.3**
哈尔滨			
齐齐哈尔			
鸡　西			
鹤　岗			
双鸭山			
大　庆			
伊　春			
佳木斯			
七台河			
牡丹江	14.3		2.3
黑　河			
绥　化			
大兴安岭			

2-B-14 续表 9

(港、澳、台商投资企业) 单位：万元

地 区	资产总计	负债合计	营业收入
全 省	**17340.6**	**5808.4**	**9227.9**
哈尔滨	16993.4	5576.2	8655.6
齐齐哈尔			
鸡 西			
鹤 岗			
双鸭山			
大 庆	76.8	0.4	12.0
伊 春			
佳木斯			
七台河			
牡丹江	270.5	231.8	560.3
黑 河			
绥 化			
大兴安岭			

2-B-14 续表 10

(外商投资企业) 单位：万元

地 区	资产总计	负债合计	营业收入
全 省	**3251.8**	**1292.4**	**4233.1**
哈尔滨	3250.8	1292.4	4203.1
齐齐哈尔			
鸡 西			
鹤 岗			
双鸭山			
大 庆			
伊 春			
佳木斯			
七台河			
牡丹江			
黑 河			
绥 化	1.0		30.0
大兴安岭			

第3篇

房地产开发经营业生产经营及财务状况篇

3-1　各地区按登记注册类型分

地　区	总　计	内资企业	国有企业	集体企业	股份合作企　业	国有联营企　业	集体联营企　业
全　省	**2911**	**2882**	**35**	**3**	**1**		
哈尔滨	1100	1080	23	3	1		
齐齐哈尔	214	213	1				
鸡　西	157	156	3				
鹤　岗	80	80	1				
双鸭山	98	98					
大　庆	239	237	1				
伊　春	74	74					
佳木斯	165	164	2				
七台河	38	38					
牡丹江	345	341	2				
黑　河	141	141	1				
绥　化	235	235	1				
大兴安岭	25	25					

注：表3-1、3-2、3-3统计范围为全部房地产开发经营业法人单位，本篇其他表统计范围为有开发经营活动的房地产开发经营业法人单位。

3-1　续表

地　区	私营股份有限公司	其他内资企　业	港、澳、台商投资企　业	合资经营企业(港、澳、台资)	合作经营企业(港、澳、台资)	港、澳、台商独资经营企业	港、澳、台商投资股份有限公司
全　省	**76**		**18**	**8**	**1**	**9**	
哈尔滨	27		13	6	1	6	
齐齐哈尔	4		1	1			
鸡　西	10		1	1			
鹤　岗	3						
双鸭山	5						
大　庆	3						
伊　春	2						
佳木斯	2						
七台河	4						
牡丹江	8		3			3	
黑　河	4						
绥　化	3						
大兴安岭	1						

房地产开发企业个数

单位：个

国有与集体联营企业	其他联营企业	国有独资公司	其他有限责任公司	股份有限公司	私营独资企业	私营合伙企业	私营有限责任公司
		62	**1115**	**124**	**3**		**1463**
		29	474	31	1		491
		2	103	9			94
		2	44	7	1		89
		2	30	4	1		39
			33	2			58
		4	73	7			149
		2	23	4			43
		14	37	1			108
		1	18	1			14
		5	111	31			184
		1	24	3			108
			138	23			70
			7	1			16

单位：个

其他港、澳、台投资企业	外商投资企业	中外合资经营企业	中外合作经营企业	独资企业	外商投资股份有限公司	其他外商投资企业
	11	**5**	**1**	**5**		
	7	3	1	3		
	2	1		1		
	1	1				
	1			1		

3-2 各地区按登记注册类型分

地　区	总　计	内资企业					
			国有企业	集体企业	股份合作企　业	国有联营企　业	集体联营企　业
全　省	**37068**	**36118**	**676**	**242**	**4**		
哈 尔 滨	17856	17080	566	242	4		
齐齐哈尔	2708	2664	2				
鸡　西	938	938	25				
鹤　岗	576	576	39				
双 鸭 山	710	710					
大　庆	4021	3936	2				
伊　春	672	672					
佳 木 斯	1841	1837	15				
七 台 河	439	439					
牡 丹 江	2932	2891	22				
黑　河	1069	1069					
绥　化	3204	3204	5				
大兴安岭	102	102					

3-2 续表

地　区			港、澳、台商投资企　业				
	私营股份有限公司	其他内资企　业		合资经营企业(港、澳、台资)	合作经营企业(港、澳、台资)	港、澳、台商独资经营企业	港、澳、台商投资股份有限公司
全　省	**790**		**759**	**112**	**42**	**605**	
哈 尔 滨	329		700	68	42	590	
齐齐哈尔	31		44	44			
鸡　西	118						
鹤　岗	14						
双 鸭 山	59						
大　庆	18						
伊　春	12						
佳 木 斯	23						
七 台 河	57						
牡 丹 江	91		15			15	
黑　河	29						
绥　化	6						
大兴安岭	3						

房地产开发企业年末从业人数

单位：人

国有与集体联营企业	其他联营企业	国有独资公司	其他有限责任公司	股份有限公司	私营独资企业	私营合伙企业	私营有限责任公司
		2748	**17053**	**1719**	**83**		**12803**
		781	9069	491	81		5517
		71	1339	404			817
		42	267	40			446
		14	271	5	2		231
			349	16			286
		1476	1051	97			1292
		31	285	24			320
		262	574	15			948
		14	169	75			124
		45	1096	229			1408
		12	282	20			726
			2247	302			644
			54	1			44

单位：人

其他港、澳、台投资企业	外商投资企业	中外合资经营企业	中外合作经营企业	独资企业	外商投资股份有限公司	其他外商投资企业
	191	**90**	**5**	**96**		
	76	41	5	30		
	85	45		40		
	4	4				
	26			26		

3-3 各地区按登记注册类型分

地　区	总　计	内资企业	国有企业	集体企业	股份合作企　业	国有联营企　业	集体联营企　业
全　省	**129943655**	**127984619**	**1471058**	**5971**	**2943**		
哈尔滨	93130672	91684119	1316999	5971	2943		
齐齐哈尔	9795443	9662649	386				
鸡　西	1604984	1604984	7178				
鹤　岗	851808	851808	112818				
双鸭山	677107	677107					
大　庆	12128904	11940730	20304				
伊　春	513552	513552					
佳木斯	2655374	2632435	1875				
七台河	521913	521913					
牡丹江	5531445	5362868	10930				
黑　河	827094	827094					
绥　化	1661321	1661321	569				
大兴安岭	44038	44038					

3-3 续表

地　区	私营股份有限公司	其他内资企　业	港、澳、台商投资企　业	合资经营企业(港、澳、台资)	合作经营企业(港、澳、台资)	港、澳、台商独资经营企业	港、澳、台商投资股份有限公司
全　省	**865387**		**1473190**	**491083**	**31935**	**950171**	
哈尔滨	220023		1183404	358290	31935	793179	
齐齐哈尔	23435		132794	132794			
鸡　西	139235						
鹤　岗	17697						
双鸭山	37944						
大　庆	139398						
伊　春	15277						
佳木斯	2045						
七台河	24012						
牡丹江	179385		156992			156992	
黑　河	60244						
绥　化	3020						
大兴安岭	3672						

房地产开发企业资产总计

单位：万元

国有与集体联营企业	其他联营企业	国有独资公司	其他有限责任公司	股份有限公司	私营独资企业	私营合伙企业	私营有限责任公司
		38098769	**59619491**	**4508106**	**147643**		**23265250**
		30467805	42224963	3260121	147643		14037650
		33684	7578271	336195			1690678
		75699	481435	46090			855347
		230235	299805	5878			185374
			392522	20681			225960
		5827443	2868958	218186			2866442
		669	260778	28557			208271
		1171797	443496	63488			949735
		20777	237008	19830			220286
		188867	3289706	370173			1323808
		81792	152458	5550			527051
			1363564	133060			161108
			26527	298			13541

单位：万元

其他港、澳、台投资企业	外商投资企业	中外合资经营企业	中外合作经营企业	独资企业	外商投资股份有限公司	其他外商投资企业
	485847	**306578**	**12465**	**166803**		
	263150	196008	12465	54676		
	188174	87631		100543		
	22939	22939				
	11584			11584		

3-4 房地产开发企业主要指标情况

指标	计量单位	2018年	2017年	2018年比2017年增减(%)
企业个数	**个**	**1853**	**1968**	**-5.8**
大型企业	个	6	2	200.0
中型企业	个	471	458	2.8
小微型企业	个	1376	1508	-8.8
资产总计	**亿元**	**9938**	**9766**	**1.8**
大型企业	亿元	368	117	215.6
中型企业	亿元	5962	5986	-0.4
小微型企业	亿元	3607	3664	-1.6
房屋建筑面积				
施工面积	万平方米	10588	10328	2.5
#住宅	万平方米	7684	7432	3.4
#办公楼	万平方米	231	238	-3.1
#商业营业用房	万平方米	1608	1569	2.5
新开工面积	万平方米	2495	2220	12.4
#住宅	万平方米	1857	1678	10.7
#办公楼	万平方米	54	32	67.0
#商业营业用房	万平方米	387	306	26.2
竣工面积	万平方米	1203	1651	-27.1
#住宅	万平方米	921	1206	-23.7
#办公楼	万平方米	51	39	30.4
#商业营业用房	万平方米	147	257	-42.9
房屋竣工价值	**亿元**	**288**	**396**	**-27.4**
商品房销售				
商品房销售面积	万平方米	1913	2256	-15.2
#住宅	万平方米	1666	1868	-10.8
#办公楼	万平方米	15	46	-67.3
#商业营业用房	万平方米	182	253	-27.8
商品房销售额	亿元	1320	1460	-9.6
#住宅	亿元	1112	1134	-2.0
#办公楼	亿元	17	52	-66.6
#商业营业用房	亿元	159	220	-27.9
商品房待售面积	万平方米	1753	2095	-16.3
#住宅	万平方米	1007	1267	-20.5
#办公楼	万平方米	44	60	-27.0
#商业营业用房	万平方米	437	463	-5.8
负债合计	**亿元**	**6979**	**6902**	**1.1**

3-5　各地区按资质等级分房地产开发企业个数

单位：个

地　区	总　计	一　级	二　级	三　级	四　级	暂　定	其　他
全　省	**1853**	**13**	**267**	**970**	**151**	**353**	**99**
哈尔滨	773	8	149	431	12	137	36
齐齐哈尔	140		15	81	12	24	8
鸡　西	105		6	49	19	29	2
鹤　岗	47		8	31	5	3	
双鸭山	41		6	19	7	6	3
大　庆	129	1	21	62	9	30	6
伊　春	40		6	24	3	1	6
佳木斯	83		7	30	12	17	17
七台河	33		6	21		4	2
牡丹江	198	2	23	97	23	45	8
黑　河	72	1	4	36	10	16	5
绥　化	177	1	16	84	33	37	6
大兴安岭	15			5	6	4	

3-6　各地区按资质等级分房地产开发企业年末从业人数

单位：人

地　区	总　计	一　级	二　级	三　级	四　级	暂　定	其　他
全　省	**32543**	**1123**	**6734**	**15684**	**1453**	**5518**	**2031**
哈尔滨	15883	476	3060	8368	174	2903	902
齐齐哈尔	2472		591	1188	109	313	271
鸡　西	822		99	368	120	222	13
鹤　岗	513		157	282	40	34	
双鸭山	526		127	239	58	50	52
大　庆	3671	564	1442	995	80	419	171
伊　春	575		173	284	23	11	84
佳木斯	1436		123	603	175	247	288
七台河	430		87	216		50	77
牡丹江	2470	33	392	1214	208	554	69
黑　河	855	35	59	432	87	187	55
绥　化	2790	15	424	1438	356	508	49
大兴安岭	100			57	23	20	

3-7 各地区按资质等级分房地产开发企业资产总计

单位：万元

地区	总计	一级	二级	三级	四级	暂定	其他
全省	**99377014**	**2974937**	**26908057**	**43858674**	**834204**	**14065972**	**10735171**
哈尔滨	66255404	2469607	16028682	33113144	25893	10169257	4448821
齐齐哈尔	9275685		838958	2318293	58916	505645	5553872
鸡西	1517984		397418	637678	145116	332671	5100
鹤岗	815594		374652	194146	2116	244681	
双鸭山	522151		190889	252625	20212	34593	23833
大庆	11510327	441369	7508892	2610196	133740	687488	128643
伊春	436274		62807	304935	7198	19694	41641
佳木斯	1514342		280965	590732	59386	290618	292641
七台河	514536		91724	323023		79957	19832
牡丹江	4621560	30490	941859	1972458	189119	1324904	162729
黑河	752534	17115	99311	439022	53993	112914	30180
绥化	1596587	16357	91899	1076214	128854	255384	27880
大兴安岭	44038			26208	9662	8167	

3-8 各地区按用途分房地产开发企业房屋施工面积

单位：平方米

地区	房屋施工面积	住宅	#别墅、高档公寓	办公楼	商业营业用房	其他
全省	**105882476**	**76839540**	**1645443**	**2309375**	**16081582**	**10651979**
哈尔滨	46774392	31122826	1040996	1887173	8235765	5528628
齐齐哈尔	9736816	7944272	50746	58827	1024499	709218
鸡西	5614502	4690315		24647	496834	402706
鹤岗	1312516	1119851		23023	118879	50763
双鸭山	2348342	1761962	2424	19657	355210	211513
大庆	7393593	5325968	279844	47121	1495176	525328
伊春	1201078	939176		267	209346	52289
佳木斯	4078271	3267247	10454	118788	496946	195290
七台河	1112675	771023			282149	59503
牡丹江	16336186	11992750	216056	87685	1980396	2275355
黑河	2523555	1990075	1800	32289	309886	191305
绥化	7335944	5836722	41642	9898	1042770	446554
大兴安岭	114606	77353	1481		33726	3527

3-9　各地区按资质等级分房地产开发企业房屋施工面积

单位：平方米

地　区	总　计	一　级	二　级	三　级	四　级	暂　定	其　他
全　省	**105882476**	**1814050**	**20156040**	**47287881**	**3889702**	**22397019**	**10337784**
哈尔滨	46774392	1321799	10132366	20724784	184425	10656092	3754926
齐齐哈尔	9736816		598172	5116347	291267	1324723	2406307
鸡　西	5614502		1579835	2088719	828929	1001544	115475
鹤　岗	1312516		141681	891502	69318	210015	
双鸭山	2348342		461995	1121569	228439	428039	108300
大　庆	7393593		1548536	3398631	332165	1561731	552530
伊　春	1201078		257013	369753		97190	477122
佳木斯	4078271		377263	1008276	344669	858258	1489805
七台河	1112675		79217	844400		151000	38058
牡丹江	16336186	479985	3712016	6437324	851018	4072142	783701
黑　河	2523555	12266	199529	1165437	342526	533394	270403
绥　化	7335944		1068417	4062175	409483	1454712	341157
大兴安岭	114606			58964	7463	48179	

3-10　各地区按用途分房地产开发企业房屋新开工面积

单位：平方米

地　区	房屋新开工面　积	住　宅	#别墅、高档公　寓	办公楼	商业营业用　房	其　他
全　省	**24947375**	**18570004**	**136227**	**537680**	**3868387**	**1971304**
哈尔滨	10995465	7592563	60425	458102	1927920	1016880
齐齐哈尔	2426470	1932777	11858	39932	298509	155252
鸡　西	566225	420994		1715	101887	41629
鹤　岗	239762	191777		140	35299	12546
双鸭山	726696	558987		5139	119636	42934
大　庆	2476986	1864587	34336	200	406236	205963
伊　春	490349	478418			7509	4422
佳木斯	1470853	1201617		17504	211689	40043
七台河	145429	99661			40842	4926
牡丹江	2075725	1536939	29608	3720	353953	181113
黑　河	1161637	955850		7954	95777	102056
绥　化	2171778	1735834		3274	269130	163540
大兴安岭						

3-11 各地区按资质等级分房地产开发企业房屋新开工面积

单位：平方米

地区	总计	一级	二级	三级	四级	暂定	其他
全省	**24947375**	**177830**	**3152136**	**9307283**	**1231535**	**6244698**	**4833893**
哈尔滨	10995465	165564	1852054	4257836	62500	2547545	2109966
齐齐哈尔	2426470		189730	1210448	180502	495536	350254
鸡西	566225			100014	350736		115475
鹤岗	239762		32600	77481	9666	120015	
双鸭山	726696		86180	368421	102286	168509	1300
大庆	2476986		430352	504332	128333	964783	449186
伊春	490349		28341	70677			391331
佳木斯	1470853		48000	197462	214062	288102	723227
七台河	145429		37133	31823		52613	23860
牡丹江	2075725		194709	963850	58990	672057	186119
黑河	1161637	12266		461177	74534	343257	270403
绥化	2171778		253037	1063762	49926	592281	212772
大兴安岭							

3-12 各地区按用途分房地产开发企业房屋竣工面积

单位：平方米

地区	房屋竣工面积	住宅	#别墅、高档公寓	办公楼	商业营业用房	其他
全省	**12034634**	**9205271**	**52379**	**508615**	**1468124**	**852624**
哈尔滨	4489718	3016843		495752	612209	364914
齐齐哈尔	652060	481242		490	107219	63109
鸡西	26615	24065				2550
鹤岗	152470	129754		140	15877	6699
双鸭山	516373	394696			104319	17358
大庆	600937	568000	50579		13973	18964
伊春	157301	123927		267	31144	1963
佳木斯	1265065	1117601			80569	66895
七台河	198298	174373			15746	8179
牡丹江	1256362	983935		400	142414	129613
黑河	620322	457124	1800	7208	92317	63673
绥化	2099113	1733711		4358	252337	108707
大兴安岭						

3-13　各地区按资质等级分房地产开发企业房屋竣工面积

单位：平方米

地　区	总　计	一　级	二　级	三　级	四　级	暂　定	其　他
全　省	**12034634**	**7216**	**3057037**	**5123015**	**800381**	**2290975**	**756010**
哈尔滨	4489718	7216	1902822	1762725	23100	664886	128969
齐齐哈尔	652060		66053	231309	56426	183706	114566
鸡　西	26615					26615	
鹤　岗	152470		766	129429	22275		
双鸭山	516373		60000	312902	55792	87679	
大　庆	600937		48718	362170		190049	
伊　春	157301		28341	110071			18889
佳木斯	1265065		205197	405098	138460	149084	367226
七台河	198298			154685		43613	
牡丹江	1256362		350339	273095	223732	409196	
黑　河	620322			324601	95853	199868	
绥　化	2099113		394801	1056930	184743	336279	126360
大兴安岭							

3-14　各地区按用途分房地产开发企业房屋竣工价值

单位：万元

地　区	房屋竣工价　值	住　宅	#别墅、高档公　寓	办公楼	商业营业用　房	其　他
全　省	**2877116**	**2170082**	**13842**	**133744**	**386023**	**187267**
哈尔滨	1375316	953942		131103	201102	89169
齐齐哈尔	128632	90653		103	23871	14005
鸡　西	6000	5240				760
鹤　岗	50209	42535		23	5836	1815
双鸭山	102504	77496			21491	3517
大　庆	157507	148342	13572		3979	5186
伊　春	32241	24911		60	6830	440
佳木斯	251888	217298			18421	16169
七台河	29321	25640			2536	1145
牡丹江	341886	270531		84	41298	29973
黑　河	105404	74546	270	1546	18424	10888
绥　化	296208	238948		825	42235	14200
大兴安岭						

3-15 各地区按资质等级分房地产开发企业房屋竣工价值

单位：万元

地区	总计	一级	二级	三级	四级	暂定	其他
全省	**2877116**	**2164**	**637558**	**1283198**	**132749**	**571747**	**249700**
哈尔滨	1375316	2164	391014	637289	2380	224839	117630
齐齐哈尔	128632		8000	52696	10540	24821	32575
鸡西	6000					6000	
鹤岗	50209		115	44790	5304		
双鸭山	102504		12000	60036	12274	18194	
大庆	157507		8429	97933		51145	
伊春	32241		6050	21693			4498
佳木斯	251888		35734	88481	15888	29518	82267
七台河	29321			21693		7628	
牡丹江	341886		116218	66552	42063	117053	
黑河	105404			58261	11410	35733	
绥化	296208		59998	133774	32890	56816	12730
大兴安岭							

3-16 各地区房地产开发企业建造的房屋面积和造价

地区	房屋施工面积(平方米)	房屋竣工面积(平方米)	房屋竣工价值(万元)	房屋竣工造价(元/平方米)
全省	**105882476**	**12034634**	**2877116**	**2391**
哈尔滨	46774392	4489718	1375316	3063
齐齐哈尔	9736816	652060	128632	1973
鸡西	5614502	26615	6000	2254
鹤岗	1312516	152470	50209	3293
双鸭山	2348342	516373	102504	1985
大庆	7393593	600937	157507	2621
伊春	1201078	157301	32241	2050
佳木斯	4078271	1265065	251888	1991
七台河	1112675	198298	29321	1479
牡丹江	16336186	1256362	341886	2721
黑河	2523555	620322	105404	1699
绥化	7335944	2099113	296208	1411
大兴安岭	114606			

3-17　各地区按用途分房地产开发企业商品房销售面积

单位：平方米

地　区	商品房销售面积	住　宅	#别墅、高档公寓	办公楼	商业营业用房	其　他
全　省	**19132548**	**16655768**	**217147**	**148835**	**1823878**	**504067**
哈尔滨	10505767	9200014	175377	146968	966950	191835
齐齐哈尔	1397567	1250402	7488	673	104576	41916
鸡　西	297801	277781			10223	9797
鹤　岗	119629	108604			6786	4239
双鸭山	458125	402645			41026	14454
大　庆	1305042	1199125	23402	1194	81919	22804
伊　春	153147	145715			6352	1080
佳木斯	708677	673776			31373	3528
七台河	136879	122871			10925	3083
牡丹江	1802900	1563312	9080		178761	60827
黑　河	598360	470318	1800		82966	45076
绥　化	1628482	1223802			299718	104962
大兴安岭	20172	17403			2303	466

3-18　各地区按资质等级分房地产开发企业商品房销售面积

单位：平方米

地　区	总　计	一　级	二　级	三　级	四　级	暂　定	其　他
全　省	**19132548**	**362471**	**3520038**	**7592468**	**960974**	**4715910**	**1980687**
哈尔滨	10505767	356756	1969148	4286543	38665	2835731	1018924
齐齐哈尔	1397567		246593	602884	203287	113271	231532
鸡　西	297801		99294	63873	107095	27539	
鹤　岗	119629		13688	73732	32209		
双鸭山	458125		79304	168697	66417	68910	74797
大　庆	1305042		210533	475704	27842	427830	163133
伊　春	153147		73547	70239			9361
佳木斯	708677		127137	246083	131496	162769	41192
七台河	136879		91236	22557		14724	8362
牡丹江	1802900	5715	244451	747200	169142	555291	81101
黑　河	598360		58260	268838	30146	157416	83700
绥　化	1628482		306847	555693	144928	352429	268585
大兴安岭	20172			10425	9747		

3-19 各地区按用途分房地产开发企业商品房期房销售面积

单位：平方米

地　区	商品房期房销售面积	住　宅	#别墅、高档公寓	办公楼	商业营业用房	其　他
全　省	**11690712**	**10590993**	**135293**	**97213**	**809059**	**193447**
哈尔滨	7486044	6707702	105748	97213	586457	94672
齐齐哈尔	875355	838666	7488		24646	12043
鸡　西	158175	151360			3731	3084
鹤　岗	11550	11527				23
双鸭山	198860	161978			24230	12652
大　庆	846310	774901	18902		55769	15640
伊　春	35541	34461				1080
佳木斯	315883	302053			10330	3500
七台河	47647	43908			3703	36
牡丹江	1008292	971812	3155		26627	9853
黑　河	392584	340248			37436	14900
绥　化	313541	251447			36130	25964
大兴安岭	930	930				

3-20 各地区按用途分房地产开发企业房屋出租面积

单位：平方米

地　区	房屋出租面　积	住　宅	#别墅、高档公寓	办公楼	商业营业用房	其　他
全　省	**84702**				**47361**	**37341**
哈尔滨	84702				47361	37341
齐齐哈尔						
鸡　西						
鹤　岗						
双鸭山						
大　庆						
伊　春						
佳木斯						
七台河						
牡丹江						
黑　河						
绥　化						
大兴安岭						

3-21　各地区按用途分房地产开发企业商品房销售额

单位：万元

地　　区	商品房销售额	住　　宅	#别墅、高档公　　寓	办公楼	商业营业用　　房	其　　他
全　　省	**13203133**	**11122816**	**280294**	**174461**	**1588735**	**317121**
哈尔滨	9674023	8217383	245616	172867	1105940	177833
齐齐哈尔	663945	582317	9784	400	63293	17935
鸡　　西	95529	82049			8753	4727
鹤　　岗	35181	31336			2207	1638
双鸭山	126123	103877			16052	6194
大　　庆	687266	605141	17675	1194	67433	13498
伊　　春	35727	33401			2126	200
佳木斯	282117	259795			20220	2102
七台河	45889	38868			6538	483
牡丹江	770076	639259	6589		104429	26388
黑　　河	219274	151647	630		47180	20447
绥　　化	561998	373193			143392	45413
大兴安岭	5985	4550			1172	263

3-22　各地区按资质等级分房地产开发企业商品房销售额

单位：万元

地　　区	总　　计	一　　级	二　　级	三　　级	四　　级	暂　　定	其　　他
全　　省	**13203133**	**308675**	**2285224**	**5293602**	**310347**	**3573184**	**1432101**
哈尔滨	9674023	306725	1662863	3886218	13110	2750056	1055051
齐齐哈尔	663945		105641	336190	65625	47714	108775
鸡　　西	95529		31909	20796	34567	8257	
鹤　　岗	35181		4525	21287	9369		
双鸭山	126123		24922	43493	17070	23741	16897
大　　庆	687266		117493	244695	9760	224287	91031
伊　　春	35727		18221	14885			2621
佳木斯	282117		52793	103480	39772	70908	15164
七台河	45889		27416	9312		5123	4038
牡丹江	770076	1950	116135	324841	51780	252870	22500
黑　　河	219274		18373	100545	7691	64985	27680
绥　　化	561998		104933	184319	59159	125243	88344
大兴安岭	5985			3541	2444		

3-23 各地区房地产开发企业土地开发及其购置情况

地区	待开发土地面积(平方米)	本年土地购置面积(平方米)	本年土地成交价款(万元)
全省	**2229924**	**2460593**	**800528**
哈尔滨	1581035	1175115	576960
齐齐哈尔	3419	138339	23315
鸡西	67419	45337	2497
鹤岗	16147	3588	202
双鸭山	110000	172475	9690
大庆	122520	446559	118168
伊春			
佳木斯	10660	28602	4289
七台河	200038	172779	9047
牡丹江	48686	268611	55738
黑河	20000	7882	487
绥化	50000	1306	135
大兴安岭			

3-24 各地区房地产开发企业主营业务收入及其构成

单位：万元

地区	主营业务收入总计	土地转让收入	商品房销售收入
全省	**10751505**	**172264**	**9995913**
哈尔滨	7838806	116386	7198352
齐齐哈尔	561657	26457	526052
鸡西	100286	750	98276
鹤岗	28819	1	27312
双鸭山	83415	1782	80997
大庆	510556	25559	455041
伊春	36579	940	34828
佳木斯	370095		365154
七台河	68478	20	66731
牡丹江	478601	20	472609
黑河	140725		139654
绥化	526960	349	524551
大兴安岭	6528		6355

3-24 续表

单位：万元

地 区	房屋出租收入	其他收入
全 省	**68414**	**514915**
哈尔滨	47231	476837
齐齐哈尔	6462	2687
鸡 西	124	1135
鹤 岗		1506
双鸭山	137	499
大 庆	10326	19630
伊 春	164	648
佳木斯	624	4317
七台河	728	1000
牡丹江	2259	3713
黑 河	48	1023
绥 化	139	1922
大兴安岭	174	

3-25 各地区按登记注册类型分

地　区	总　计	内资企业	国有企业	集体企业	股份合作企　业	国有联营企　业	集体联营企　业
全　省	**10751505**	**10555252**	**52246**				
哈尔滨	7838806	7706493	43103				
齐齐哈尔	561657	561657	8715				
鸡　西	100286	100286	18				
鹤　岗	28819	28819	386				
双鸭山	83415	83415					
大　庆	510556	482336					
伊　春	36579	36579					
佳木斯	370095	369855					
七台河	68478	68478					
牡丹江	478601	443121					
黑　河	140725	140725					
绥　化	526960	526960	23				
大兴安岭	6528	6528					

3-25 续表

地　区	私营股份有限公司	其他内资企　业	港、澳、台商投资企　业	合资经营企业(港、澳、台资)	合作经营企业(港、澳、台资)	港、澳、台商独资经营企业	港、澳、台商投资股份有限公司
全　省	**152217**		**130297**	**68028**	**20064**	**42205**	
哈尔滨	74219		95296	68028	20064	7204	
齐齐哈尔	6472						
鸡　西	5199						
鹤　岗	12						
双鸭山	825						
大　庆	1307						
伊　春	558						
佳木斯	342						
七台河	688						
牡丹江	62058		35000			35000	
黑　河	161						
绥　化							
大兴安岭	375						

房地产开发企业主营业务收入

单位：万元

国有与集体联营企业	其他联营企业	国有独资公司	其他有限责任公司	股份有限公司	私营独资企业	私营合伙企业	私营有限责任公司
		664320	**5979410**	**564911**			**3142148**
		600448	4702569	270497			2015656
		5386	313147	45649			182288
		7664	33916	5914			47574
			9198				19223
			46630				35960
		45077	104489	109777			221687
		398	21954				13669
		1878	142780	7904			216951
		1451	43000	4952			18387
		60	206169	30319			144516
		1958	35297	60			103250
			315073	89809			122056
			5189	32			933

单位：万元

其他港、澳、台投资企业	外商投资企业	中外合资经营企业	中外合作经营企业	独资企业	外商投资股份有限公司	其他外商投资企业
	65957	**58042**	**184**	**7731**		
	37017	30832	184	6001		
	28221	26970		1250		
	240	240				
	479			479		

3-26 各地区按登记注册类型分

地　　区	总　计	内资企业					
			国有企业	集体企业	股份合作企业	国有联营企业	集体联营企业
全　　省	**69790559**	**68382175**	**1076350**	**4410**	**3**		
哈尔滨	47419659	46418610	951611	4410	3		
齐齐哈尔	5738271	5611032	186				
鸡　　西	1181822	1181822	3850				
鹤　　岗	598914	598914	112491				
双鸭山	403188	403188					
大　　庆	7395998	7272099					
伊　　春	327394	327394					
佳木斯	1175867	1175789	1828				
七台河	389404	389404					
牡丹江	3682513	3526392	6315				
黑　　河	491733	491733					
绥　　化	962919	962919	69				
大兴安岭	22879	22879					

3-26　续表

地　　区			港、澳、台商投资企业				
	私营股份有限公司	其他内资企业		合资经营企业(港、澳、台资)	合作经营企业(港、澳、台资)	港、澳、台商独资经营企业	港、澳、台商投资股份有限公司
全　　省	**627872**		**1074798**	**287143**	**12003**	**775652**	
哈尔滨	122859		809957	159904	12003	638049	
齐齐哈尔	7862		127239	127239			
鸡　　西	113618						
鹤　　岗	13720						
双鸭山	17478						
大　　庆	133696						
伊　　春	8021						
佳木斯							
七台河	13248						
牡丹江	158892		137603			137603	
黑　　河	36703						
绥　　化	20						
大兴安岭	1754						

房地产开发企业负债合计

单位：万元

国有与集体联营企业	其他联营企业	国有独资公司	其他有限责任公司	股份有限公司	私营独资企业	私营合伙企业	私营有限责任公司
		8474369	**38120789**	**2842183**	**125416**		**17110784**
		5128173	27192540	2076462	125416		10817136
		31684	4086426	183091			1301783
		16371	359721	29379			658883
		136015	259710	1851			75127
			234176	14900			136634
		2893655	2003424	178557			2062766
		103	182309	19296			117665
		161252	338809	45453			628446
		10285	159612	12156			194103
		75745	2355215	204531			725694
		21085	102076	156			331713
			830579	76269			55983
			16193	83			4850

单位：万元

其他港、澳、台投资企业	外商投资企业	中外合资经营企业	中外合作经营企业	独资企业	外商投资股份有限公司	其他外商投资企业
	333586	**234871**	**114**	**98601**		
	191092	149515	114	41464		
	123898	85278		38620		
	78	78				
	18518			18518		

第4篇

服务业企业财务状况篇

4-1　服务业法人单位基本情况

行　业	单位数 (个)	从业人员 (人)
总　计	**130675**	**2159528**
交通运输、仓储和邮政业	**9376**	**185905**
企业	9038	164951
行政事业及非企业法人	338	20954
信息传输、软件和信息技术服务业	**10179**	**123402**
企业	10019	118041
行政事业及非企业法人	160	5361
房地产业	**6659**	**89660**
企业	6570	87771
行政事业及非企业法人	89	1889
租赁和商务服务业	**24732**	**205148**
企业	23751	195644
行政事业及非企业法人	981	9504
科学研究和技术服务业	**15591**	**110228**
企业	13919	77555
行政事业及非企业法人	1672	32673
水利、环境和公共设施管理业	**2339**	**67635**
企业	1274	19811
行政事业及非企业法人	1065	47824
居民服务、修理和其他服务业	**4815**	**30775**
企业	4533	26242
行政事业及非企业法人	282	4533
教育	**11640**	**434572**
企业	4105	34555
行政事业及非企业法人	7535	400017
卫生和社会工作	**6141**	**270527**
企业	2193	54324
行政事业及非企业法人	3948	216203
文化、体育和娱乐业	**6487**	**48816**
企业	5148	28371
行政事业及非企业法人	1339	20445
公共管理、社会保障和社会组织	**32716**	**592860**
企业		
行政事业及非企业法人	32716	592860

注：此表含有铁路数据，不含金融数据。

4-2 交通运输、仓储和邮政业企业法人单位主要指标

行　业	单位数(个)	资产总计(万元)	负债合计(万元)	营业收入(万元)	从业人员(人)
总　计	**9052**	**73778585.2**	**63976530.3**	**16579150.3**	**324017**
铁路运输业	14	15055930.7	14258168.0	2585892.6	159066
道路运输业	5683	6779606.8	4091303.4	2221997.9	63111
城市公共交通运输	548	3401876.0	2106023.7	282421.8	24331
公路旅客运输	373	376185.4	211918.5	91660.0	6189
道路货物运输	4424	2720728.0	1626092.4	1785101.5	24643
道路运输辅助活动	338	280817.6	147268.8	62814.7	7948
水上运输业	66	64130.3	22574.2	16300.4	957
水上旅客运输	22	21695.2	11881.5	6033.7	366
水上货物运输	29	26309.9	5736.9	7230.2	368
水上运输辅助活动	15	16125.2	4955.8	3036.5	223
航空运输业	48	1426804.5	538296.1	245715.3	7233
航空客货运输	20	193325.9	143888.2	25562.0	606
通用航空服务	18	203630.9	74395.6	45157.9	843
航空运输辅助活动	10	1029847.8	320012.3	174995.3	5784
管道运输业					
海底管道运输					
陆地管道运输					
多式联运和运输代理业	592	436886.6	249272.9	208434.6	2789
多式联运	5	27586.6	9889.8	6650.5	56
运输代理业	587	409300.1	239383.1	201784.1	2733
装卸搬运和仓储业	2122	48547161.6	44477408.4	9973972.9	38024
装卸搬运	525	261179.5	74612.2	124307.7	6641
通用仓储	144	128341.4	48480.7	20909.6	1175
低温仓储	79	86775.3	52367.7	8368.4	377
危险品仓储	NA	299.9	266.5	85.4	3
谷物、棉花等农产品仓储	1182	47588651.7	44092182.0	9753779.9	28722
中药材仓储	NA	30717.8	21100.4	25120.1	60
其他仓储业	186	451196.1	188398.9	41401.7	1046
邮政业	527	1468064.6	339507.4	1326836.7	52837
邮政基本服务	35	624902.5	233811.5	1069921.0	38656
快递服务	491	809689.3	58238.3	153020.8	9481
其他寄递服务	NA	33472.7	47457.5	103894.9	4700

注：1.NA表示单位个数小于或等于3，下表同。
　　2.此表含有国家反馈铁路数据。

4-3　交通运输、仓储和邮政业企业法人单位分地区主要指标

地　区	单位数(个)	资产总计(万元)	负债合计(万元)	营业收入(万元)	从业人员(人)
全　省	**9038**	**58722654.5**	**49718362.3**	**13993257.7**	**164951**
哈尔滨	3331	9976272.2	6717484.1	3760239.4	81331
齐齐哈尔	728	7516265.5	6301951.6	1982614.1	10548
鸡　西	300	3395912.2	3244307.9	552762.1	6101
鹤　岗	231	3344836.6	3059644.2	615645.2	4836
双鸭山	412	5738595.3	5284831.5	1015217.4	6551
大　庆	730	2074906.0	1721400.2	631717.0	9219
伊　春	214	167657.0	49469.7	53249.7	3817
佳木斯	800	15915489.9	14199680.1	1986346.1	11231
七台河	106	693581.8	611780.8	206141.7	2791
牡丹江	839	1354344.4	945748.4	467366.8	10367
黑　河	379	4051418.1	3604224.5	898654.1	5456
绥　化	807	4418312.3	3919805.3	1792911.4	10935
大兴安岭	161	75063.4	58034.1	30392.7	1768

注：此表不含铁路数据。

4-4　交通运输、仓储和邮政业企业法人单位分登记注册类型主要指标

登记注册类型	单位数(个)	资产总计(万元)	负债合计(万元)	营业收入(万元)	从业人员(人)
总　计	**9038**	**58722654.5**	**49718362.3**	**13993257.7**	**164951**
内资企业	**9029**	**58612768.7**	**49657250.3**	**13974386.7**	**164785**
国有企业	323	14164701.5	13235885.8	2568588.1	53981
集体企业	52	36257.4	19150.1	10063.1	1401
股份合作企业	NA	199.0	1.9	151.7	3
联营企业	5	34926.2	37801.3	2174.8	204
有限责任公司	1590	37925738.3	33490775.8	8614085.2	52205
股份有限公司	205	1759683.6	1073945.7	500073.0	4930
私营企业	6784	4641508.0	1792230.4	2269955.0	51603
其他企业	67	49754.8	7459.5	9295.9	458
港、澳、台商投资企业	**5**	**52197.5**	**26259.3**	**16215.8**	**78**
外商投资企业	**4**	**57688.3**	**34852.7**	**2655.3**	**88**

注：此表不含铁路数据。

4-5 信息传输、软件和信息技术服务业企业法人单位主要指标

行 业	单位数(个)	资产总计(万元)	负债合计(万元)	营业收入(万元)	从业人员(人)
总 计	**10019**	**10758758.9**	**6009315.7**	**4441686.3**	**118041**
电信、广播电视和卫星传输服务	665	8650728.2	5064811.2	3173015.1	79252
电信	573	7685323.6	4495442.6	2957486.7	69047
广播电视传输服务	84	964062.0	569164.1	215413.6	10183
卫星传输服务	8	1342.6	204.5	114.8	22
互联网和相关服务	1092	184571.7	71912.0	137177.1	4471
互联网接入及相关服务	143	23138.6	16559.7	19694.1	577
互联网信息服务	458	93144.9	32813.9	83002.2	2169
互联网平台	136	18308.6	8311.1	7875.2	543
互联网安全服务	10	3769.8	680.9	1116.1	60
互联网数据服务	30	13807.9	2383.6	4357.3	131
其他互联网服务	315	32401.9	11162.7	21132.2	991
软件和信息技术服务业	8262	1923459.1	872592.5	1131494.1	34318
软件开发	5409	1211897.1	513543.8	799032.9	22571
集成电路设计	16	4082.8	2522.4	631.7	33
信息系统集成和物联网技术服务	384	113398.5	58784.2	88507.4	2266
运行维护服务	51	121685.6	102383.7	2971.6	165
信息处理和存储支持服务	50	33212.3	20541.7	14890.5	838
信息技术咨询服务	1740	344623.4	123339.7	157068.6	6019
数字内容服务	110	13144.1	8072.2	8188.3	456
其他信息技术服务业	502	81415.2	43404.8	60203.2	1970

4-6 信息传输、软件和信息技术服务业企业法人单位分地区主要指标

地 区	单位数(个)	资产总计(万元)	负债合计(万元)	营业收入(万元)	从业人员(人)
全 省	**10019**	**10758758.9**	**6009315.7**	**4441686.3**	**118041**
哈尔滨	5930	7320389.8	3930918.4	2715851.1	77771
齐齐哈尔	422	438700.3	258737.2	260619.9	5254
鸡 西	120	212334.8	116572.8	110478.5	2393
鹤 岗	121	137172.7	100845.9	80434.0	1656
双鸭山	193	200613.6	95591.5	86546.4	2059
大 庆	1536	757690.9	467934.0	365237.9	8193
伊 春	94	131826.3	88844.8	69169.5	1883
佳木斯	460	362077.7	184240.9	168362.4	3710
七台河	78	115269.6	60664.3	54919.9	1517
牡丹江	543	425927.4	287776.9	207289.8	5108
黑 河	189	247819.0	145677.4	102526.2	3188
绥 化	258	352995.6	224230.6	187981.9	4060
大兴安岭	75	55941.4	47281.2	32268.7	1249

4-7　信息传输、软件和信息技术服务业企业法人单位分登记注册类型主要指标

登记注册类型	单位数（个）	资产总计（万元）	负债合计（万元）	营业收入（万元）	从业人员（人）
总　计	**10019**	**10758758.9**	**6009315.7**	**4441686.3**	**118041**
内资企业	**9998**	**9527698.8**	**5248158.8**	**3753089.6**	**102199**
国有企业	48	881402.7	398603.5	264413.4	5408
集体企业	7	1034.5	513.4	267.1	33
股份合作企业	NA	75.0	3.6	40.0	4
联营企业	7	301.8	11.7	311.8	11
有限责任公司	2048	4691577.5	1830775.8	1750523.1	32001
股份有限公司	193	2933395.4	2508329.2	1006514.8	38663
私营企业	7688	1019868.1	509912.9	730980.5	26071
其他企业	6	44.0	8.7	39.0	8
港、澳、台商投资企业	**11**	**979046.0**	**550680.1**	**491279.4**	**12503**
外商投资企业	**10**	**252014.2**	**210476.9**	**197317.3**	**3339**

4-8　房地产业企业法人单位主要指标

行　业	单位数（个）	资产总计（万元）	负债合计（万元）	营业收入（万元）	从业人员（人）
总　计	**6570**	**5218727.0**	**3949767.1**	**1228583.2**	**87771**
物业管理	3977	1827335.2	1196364.0	821253.6	69235
房地产中介服务	1987	1252162.4	975633.0	181734.3	8472
房地产租赁经营	506	1986957.5	1537298.9	195309.3	9497
其他房地产业	100	152271.9	240471.2	30286.0	567

4-9 房地产业企业法人单位分地区主要指标

地区	单位数(个)	资产总计(万元)	负债合计(万元)	营业收入(万元)	从业人员(人)
全省	**6570**	**5218727.0**	**3949767.1**	**1228583.2**	**87771**
哈尔滨	2427	2616445.7	1963040.5	634987.7	31887
齐齐哈尔	472	125700.3	77998.4	40696.5	5772
鸡西	258	27948.1	12345.3	24613.4	3426
鹤岗	170	441208.3	360242.2	22220.9	4634
双鸭山	213	24184.4	16328.9	9496.5	2756
大庆	828	783151.0	578012.8	289336.2	20546
伊春	98	9318.7	5563.3	4610.2	1895
佳木斯	497	159471.6	76552.7	30404.7	4062
七台河	88	6400.1	3050.5	3618.3	1179
牡丹江	633	906265.1	728989.9	124308.4	5205
黑河	329	46486.9	20792.5	13376.4	2522
绥化	451	58554.8	101227.1	27450.9	3161
大兴安岭	106	13592.1	5623.0	3463.2	726

4-10 房地产业企业法人单位分登记注册类型主要指标

登记注册类型	单位数(个)	资产总计(万元)	负债合计(万元)	营业收入(万元)	从业人员(人)
总计	**6570**	**5218727.0**	**3949767.1**	**1228583.2**	**87771**
内资企业	**6557**	**4869597.1**	**3730223.5**	**1200172.1**	**87469**
国有企业	63	163429.9	164432.6	18813.0	1918
集体企业	48	15973.3	25458.1	3178.9	352
股份合作企业	8	2439.9	820.3	698.8	62
联营企业	6	28273.6	97626.9	489.1	75
有限责任公司	1223	2709032.5	2160936.0	557078.0	43090
股份有限公司	143	214558.7	140386.4	28650.7	1823
私营企业	5062	1735772.3	1140562.7	591215.8	40129
其他企业	4	116.9	0.5	48.0	20
港、澳、台商投资企业	**9**	**220320.5**	**155445.8**	**10198.7**	**137**
外商投资企业	**4**	**128809.4**	**64097.8**	**18212.4**	**165**

4-11　租赁和商务服务业企业法人单位主要指标

行　业	单位数(个)	资产总计(万元)	负债合计(万元)	营业收入(万元)	从业人员(人)
总　计	**23751**	**53452779.3**	**28674990.5**	**4645728.2**	**195644**
租赁业	4004	761677.7	322504.6	489239.0	13656
机械设备经营租赁	3970	739901.0	315401.8	483480.4	13474
文体设备和用品出租	30	12085.3	4344.4	5321.9	173
日用品出租	4	9691.3	2758.3	436.8	9
商务服务业	19747	52691101.6	28352485.9	4156489.2	181988
组织管理服务	2236	41852431.9	22249238.4	609514.2	37936
综合管理服务	851	4596737.7	3129773.8	469206.7	11455
法律服务	914	56600.2	43917.7	73562.1	4457
咨询与调查	5875	1123930.0	617068.2	388474.7	18657
广告业	3390	748516.6	242224.5	394451.2	10413
人力资源服务	2382	575888.6	236602.1	1046589.0	33010
安全保护服务	335	97164.6	37952.4	96253.2	12172
会议、展览及相关服务	517	386054.8	262588.9	71187.3	2172
其他商务服务业	3247	3253777.2	1533119.8	1007250.8	51716

4-12　租赁和商务服务业企业法人单位分地区主要指标

地　区	单位数(个)	资产总计(万元)	负债合计(万元)	营业收入(万元)	从业人员(人)
全　省	**23751**	**53452779.3**	**28674990.5**	**4645728.2**	**195644**
哈尔滨	12924	42032963.8	23614911.2	3720119.7	130171
齐齐哈尔	1208	1102333.1	450619.9	128079.3	10919
鸡　西	456	494513.7	354852.8	49262.4	4551
鹤　岗	308	61899.2	34098.6	14286.4	1739
双鸭山	654	1425641.9	568216.8	27163.5	4796
大　庆	2265	1737726.3	677025.4	212356.4	10656
伊　春	408	363805.8	176791.1	20866.9	1868
佳木斯	1205	883660.0	365742.4	45314.0	4305
七台河	198	237369.3	84979.6	16137.7	1652
牡丹江	1996	2441092.9	1294429.7	229612.0	14797
黑　河	752	1671300.1	618409.4	41537.6	3239
绥　化	858	795855.5	336830.4	123340.0	5520
大兴安岭	519	204617.7	98083.2	17652.3	1431

4-13 租赁和商务服务业企业法人单位分登记注册类型主要指标

登记注册类型	单位数(个)	资产总计(万元)	负债合计(万元)	营业收入(万元)	从业人员(人)
总 计	**23751**	**53452779.3**	**28674990.5**	**4645728.2**	**195644**
内资企业	**23712**	**52088470.7**	**27638237.4**	**4543529.7**	**194276**
国有企业	222	10601826.3	5543597.2	196303.5	28326
集体企业	90	46023.3	24259.9	14226.3	1333
股份合作企业	15	2237.3	492.8	1078.8	103
联营企业	14	399.5	181.1	228.2	48
有限责任公司	4310	30011999.7	17318853.1	1841660.1	79551
股份有限公司	376	4906487.4	1654852.9	177120.8	3042
私营企业	17957	6418957.2	3076366.6	2212239.1	78771
其他企业	728	100540.1	19633.6	100672.9	3102
港、澳、台商投资企业	**25**	**1262354.0**	**991396.5**	**88192.7**	**1073**
外商投资企业	**14**	**101954.5**	**45356.6**	**14005.9**	**295**

4-14 科学研究和技术服务业企业法人单位主要指标

行 业	单位数(个)	资产总计(万元)	负债合计(万元)	营业收入(万元)	从业人员(人)
总 计	**13919**	**9744733.7**	**5029898.9**	**3656288.3**	**77555**
研究和试验发展	2002	1731630.7	1010653.0	262666.4	8244
自然科学研究和试验发展	111	119304.5	47324.7	3569.3	291
工程和技术研究和试验发展	1214	761416.9	505049.7	195707.9	4538
农业科学研究和试验发展	434	200289.9	103605.0	31437.5	1957
医学研究和试验发展	228	647662.2	352859.9	26710.4	1405
社会人文科学研究	15	2957.3	1813.7	5241.3	53
专业技术服务业	6301	5068972.9	2686598.3	2612102.1	49225
气象服务	16	1790.8	588.3	1477.1	58
地震服务	NA	95.0	3.5	1.9	4
海洋服务	NA				
测绘地理信息服务	338	105320.9	29188.7	76690.2	2993
质检技术服务	850	255669.8	89711.2	129146.7	7496
环境与生态监测检测服务	157	28298.7	9766.8	21169.8	807
地质勘查	210	359296.1	133439.8	45722.5	2306
工程技术与设计服务	2178	3715584.0	2079777.7	1976552.9	27085
工业与专业设计及其他专业技术服务	2548	602917.6	344122.3	361340.9	8476
科技推广和应用服务业	5616	2944130.2	1332647.6	781519.9	20086
技术推广服务	4455	2636623.7	1228211.0	652809.8	16460
知识产权服务	113	10976.3	3266.9	7063.3	407
科技中介服务	139	89059.6	12261.8	24539.9	423
创业空间服务	222	72274.5	47673.3	28647.3	810
其他科技推广服务业	687	135196.1	41234.6	68459.6	1986

4-15　科学研究和技术服务业企业法人单位分地区主要指标

地　区	单位数(个)	资产总计(万元)	负债合计(万元)	营业收入(万元)	从业人员(人)
全　省	**13919**	**9744733.7**	**5029898.9**	**3656288.3**	**77555**
哈尔滨	8386	6414673.3	3237397.1	2664041.0	48277
齐齐哈尔	548	170066.2	43541.3	55549.5	3031
鸡　西	235	49278.1	19650.2	30115.3	1230
鹤　岗	122	85656.8	58751.0	3540.4	623
双鸭山	252	80003.7	39196.0	16973.9	1146
大　庆	2390	1999173.5	1208594.5	649269.0	12179
伊　春	106	13002.4	3700.9	3944.1	333
佳木斯	437	304788.6	119146.9	19839.2	2221
七台河	66	20265.6	14117.2	8069.0	953
牡丹江	625	334009.9	202237.6	82793.5	3377
黑　河	263	127556.5	35875.0	49620.3	1719
绥　化	399	136716.2	46558.2	69762.6	2063
大兴安岭	90	9543.0	1133.0	2770.6	403

4-16　科学研究和技术服务业企业法人单位分登记注册类型主要指标

登记注册类型	单位数(个)	资产总计(万元)	负债合计(万元)	营业收入(万元)	从业人员(人)
总　计	**13919**	**9744733.7**	**5029898.9**	**3656288.3**	**77555**
内资企业	**13891**	**9675671.4**	**5001042.0**	**3648073.3**	**77391**
国有企业	208	694175.3	460909.7	249081.5	9524
集体企业	36	6715.5	1975.9	4800.3	324
股份合作企业	13	6762.9	3318.6	4152.6	274
联营企业	NA	402.9	331.5	805.9	65
有限责任公司	2819	5218600.3	2865688.0	1931898.7	22176
股份有限公司	270	525511.0	267639.7	160876.2	3425
私营企业	10341	3199495.1	1393561.9	1287657.1	40640
其他企业	201	24008.5	7616.8	8801.0	963
港、澳、台商投资企业	**9**	**22530.7**	**6152.4**	**5749.3**	**93**
外商投资企业	**19**	**46531.6**	**22704.5**	**2465.8**	**71**

4-17 水利、环境和公共设施管理业企业法人单位主要指标

行业	单位数(个)	资产总计(万元)	负债合计(万元)	营业收入(万元)	从业人员(人)
总计	**1274**	**8059414.4**	**3696948.5**	**299402.1**	**19811**
水利管理业	90	780547.5	209844.1	20066.5	1331
防洪除涝设施管理	11	3715.4	629.4	2296.9	48
水资源管理	28	587695.2	143651.5	11602.1	351
天然水收集与分配	9	2372.7	375.8	1116.3	73
水文服务	NA	820.8	446.5	558.3	17
其他水利管理业	39	185943.3	64741.1	4492.9	842
生态保护和环境治理业	162	376478.7	197491.6	46052.1	4864
生态保护	28	142940.9	75503.3	21229.7	3922
环境治理业	134	233537.7	121988.3	24822.5	942
公共设施管理业	961	6812095.1	3218589.8	222625.5	13111
市政设施管理	138	5112253.1	2070202.5	62220.7	2037
环境卫生管理	171	194876.3	101882.1	50071.6	4685
城乡市容管理	17	731129.0	574150.2	3227.8	230
绿化管理	447	179931.0	68357.8	69059.4	2499
城市公园管理	16	9595.4	2399.7	1152.9	61
游览景区管理	172	584310.5	401597.5	36893.0	3599
土地管理业	61	90293.2	71023.0	10658.0	505
土地整治服务	10	83792.7	67865.8	1660.8	159
土地调查评估服务	28	3634.3	1894.7	5774.0	230
土地登记服务	NA	56.4	3.8	132.5	7
土地登记代理服务	12	2530.3	1164.1	2709.0	66
其他土地管理服务	8	279.4	94.7	381.8	43

4-18 水利、环境和公共设施管理业企业法人单位分地区主要指标

地区	单位数(个)	资产总计(万元)	负债合计(万元)	营业收入(万元)	从业人员期末人数(人)
全省	**1274**	**8059414.4**	**3696948.5**	**299402.1**	**19811**
哈尔滨	575	5980776.1	2581873.2	197096.1	6581
齐齐哈尔	71	584687.1	149368.3	19568.8	2138
鸡西	38	94679.9	71089.3	3232.9	334
鹤岗	18	13904.1	160.0	806.2	72
双鸭山	55	31212.8	12078.4	3551.7	1412
大庆	145	728434.8	563482.2	22079.5	1565
伊春	65	79335.9	29033.0	2558.4	348
佳木斯	57	113281.2	67061.5	4299.4	466
七台河	13	2697.6	2508.7	1394.9	592
牡丹江	78	143268.6	116063.9	12380.8	692
黑河	61	144964.3	81598.7	20084.1	4092
绥化	58	108483.0	19220.9	6510.7	694
大兴安岭	40	33689.1	3410.6	5838.6	825

4-19　水利、环境和公共设施管理业企业法人单位分登记注册类型主要指标

登记注册类型	单位数(个)	资产总计(万元)	负债合计(万元)	营业收入(万元)	从业人员(人)
总　计	**1274**	**80594143.8**	**36969484.9**	**2994021.2**	**19811**
内资企业	**1272**	**80563543.6**	**36968956.0**	**2988305.1**	**19781**
国有企业	80	3607765.1	1371473.2	365878.1	5456
集体企业	6	7696.0	135.0	1562.6	67
股份合作企业	NA	1200.0		1253.4	3
联营企业	NA	4180.4	28745.2	733.3	60
有限责任公司	229	65391363.4	30551833.3	1180223.2	6481
股份有限公司	28	5640779.7	2002932.0	64858.3	556
私营企业	910	5888885.9	3007623.9	1359724.1	7076
其他企业	15	21673.0	6213.5	14072.2	82
港、澳、台商投资企业	**NA**	**16102.0**	**528.9**	**5716.1**	**23**
外商投资企业	**NA**	**14498.3**			**7**

4-20　居民服务、修理和其他服务业企业法人单位主要指标

行　业	单位数(个)	资产总计(万元)	负债合计(万元)	营业收入(万元)	从业人员(人)
总　计	**4533**	**1005209.9**	**508525.6**	**570223.5**	**26242**
居民服务业	1842	606201.5	319966.5	176503.7	11048
家庭服务	473	34023.3	9866.2	17748.7	2030
托儿所服务	12	482.8	64.6	747.6	93
洗染服务	66	8369.4	2905.3	3726.1	313
理发及美容服务	181	10320.2	6152.8	4990.6	598
洗浴和保健养生服务	307	233174.6	148325.5	40829.5	3168
摄影扩印服务	97	7792.3	1857.8	6089.8	460
婚姻服务	149	7388.8	2191.4	5626.0	468
殡葬服务	165	268731.7	140494.1	74010.2	2015
其他居民服务业	392	35918.5	8108.7	22735.2	1903
机动车、电子产品和日用产品修理业	1562	228707.7	118347.2	236885.8	6183
汽车、摩托车等修理与维护	1145	185886.8	96042.9	205532.5	4903
计算机和办公设备维修	215	16217.2	6348.1	16980.0	668
家用电器修理	151	21095.3	12643.3	11744.6	479
其他日用产品修理业	51	5508.5	3313.1	2628.7	133
其他服务业	1129	170300.6	70211.8	156834.1	9011
清洁服务	833	88899.4	38857.9	92526.7	7022
宠物服务	42	1890.1	725.1	1688.8	174
其他未列明服务业	254	79511.1	30628.8	62618.5	1815

4-21 居民服务、修理和其他服务业企业法人单位分地区主要指标

地　区	单位数(个)	资产总计(万元)	负债合计(万元)	营业收入(万元)	从业人员(人)
全　省	**4533**	**1005209.9**	**508525.6**	**570223.5**	**26242**
哈尔滨	2345	596492.8	326985.2	416561.3	15029
齐齐哈尔	315	97793.4	52012.7	36583.0	2234
鸡　西	121	34533.3	8815.0	11433.5	657
鹤　岗	61	6725.9	1288.2	2751.2	259
双鸭山	120	23457.2	8628.6	5184.9	532
大　庆	510	79223.3	35197.5	44544.8	2171
伊　春	50	1817.1	130.0	1405.3	200
佳木斯	285	36230.6	12157.1	8813.2	1038
七台河	44	4125.8	2442.6	1900.9	205
牡丹江	266	57453.3	33658.9	21344.5	1698
黑　河	135	13743.5	3490.0	5764.0	588
绥　化	217	35670.9	7509.3	12249.0	1430
大兴安岭	64	17942.7	16210.5	1688.0	201

4-22 居民服务、修理和其他服务业企业法人单位分登记注册类型主要指标

登记注册类型	单位数(个)	资产总计(万元)	负债合计(万元)	营业收入(万元)	从业人员(人)
总　计	**4533**	**1005209.9**	**508525.6**	**570223.5**	**26242**
内资企业	**4526**	**954059.1**	**469375.5**	**484644.2**	**26045**
国有企业	35	51558.2	6894.1	13667.6	501
集体企业	37	5829.5	4381.4	3019.6	445
股份合作企业	8	336.3	281.2	287.7	49
联营企业	4	2545.0	52.6	199.9	28
有限责任公司	738	213468.9	117456.1	135654.7	5694
股份有限公司	93	75831.8	46791.9	17714.4	598
私营企业	3580	600927.1	293278.8	313122.0	18615
其他企业	31	3562.2	239.4	978.4	115
港、澳、台商投资企业	**NA**	**10.0**		**26.0**	**5**
外商投资企业	**6**	**51140.7**	**39150.1**	**85553.3**	**192**

4-23　教育企业法人单位主要指标

行　业	单位数(个)	资产总计(万元)	负债合计(万元)	营业收入(万元)	从业人员(人)
总　计	**4105**	**674649.5**	**184282.9**	**282243.4**	**34555**
学前教育	1302	125597.3	28823.1	66144.6	11667
初等教育	40	9459.1	1205.2	2828.4	769
中等教育	66	111563.1	24946.0	17797.6	4267
高等教育	13	83940.6	2654.9	11259.6	687
特殊教育	7	148.7	16.8	157.1	34
技能培训、教育辅助及其他教育	2677	343940.7	126637.0	184056.2	17131

4-24　教育企业法人单位分地区主要指标

地　区	单位数(个)	资产总计(万元)	负债合计(万元)	营业收入(万元)	从业人员(人)
全　省	**4105**	**674649.5**	**184282.9**	**282243.4**	**34555**
哈尔滨	1334	369359.8	91518.5	149607.3	13144
齐齐哈尔	258	30106.4	17379.6	12960.0	1836
鸡　西	176	34183.5	12161.3	14322.0	1955
鹤　岗	55	13360.4	8356.6	3416.3	845
双鸭山	93	23456.9	11226.3	7146.5	1061
大　庆	492	24912.2	9361.2	17625.9	3008
伊　春	38	3535.2	321.3	3221.7	311
佳木斯	327	60133.6	14805.8	18792.5	3368
七台河	230	9014.7	2028.1	5709.3	1256
牡丹江	438	49546.9	7315.2	22244.1	3095
黑　河	338	18025.4	2671.0	8651.9	1893
绥　化	273	35810.9	6404.9	16618.3	2520
大兴安岭	53	3203.7	733.1	1927.7	263

4-25 教育企业法人单位分登记注册类型主要指标

登记注册类型	单位数（个）	资产总计（万元）	负债合计（万元）	营业收入（万元）	从业人员（万人）
总 计	**4105**	**674649.5**	**184282.9**	**282243.4**	**34555**
内资企业	**4105**	**674649.5**	**184282.9**	**282243.4**	**34555**
国有企业	133	112710.3	29768.8	17953.0	4407
集体企业	11	323.5	172.6	625.1	105
股份合作企业	11	299.6	47.1	310.4	62
联营企业	14	1261.8	239.9	1559.5	114
有限责任公司	371	115725.2	27441.4	29068.2	2716
股份有限公司	42	2484.2	1102.1	2078.9	282
私营企业	2550	283402.2	94745.5	152959.5	17944
其他企业	973	158442.7	30765.5	77689.0	8925
港、澳、台商投资企业					
外商投资企业					

4-26 卫生和社会工作企业法人单位主要指标

行 业	单位数（个）	资产总计（万元）	负债合计（万元）	营业收入（万元）	从业人员（人）
总 计	**2193**	**1791743.8**	**905192.3**	**1258971.8**	**54324**
卫生	1515	1567114.4	837907.7	1221934.9	49531
医院	486	1379726.9	741062.3	1083843.6	41495
基层医疗卫生服务	896	84508.9	31532.4	51846.5	5291
专业公共卫生服务	71	18296.8	17139.0	12173.9	842
其他卫生活动	62	84581.9	48174.0	74071.0	1903
社会工作	678	224629.4	67284.6	37036.9	4793
提供住宿社会工作	637	219053.0	66810.0	33618.5	4285
不提供住宿社会工作	41	5576.4	474.6	3418.4	508

4-27　卫生和社会工作企业法人单位分地区主要指标

地　区	单位数(个)	资产总计(万元)	负债合计(万元)	营业收入(万元)	从业人员(人)
全　省	**2193**	**1791743.8**	**905192.3**	**1258971.8**	**54324**
哈 尔 滨	800	657343.1	373948.2	454225.3	17674
齐齐哈尔	193	243728.5	126983.7	117998.9	6395
鸡　西	73	133212.5	43149.3	72570.8	3398
鹤　岗	61	87297.8	51474.3	60211.3	3171
双 鸭 山	60	80701.2	34768.4	62990.4	2681
大　庆	161	170511.6	141879.8	334162.2	8221
伊　春	52	19477.9	4582.2	8794.2	803
佳 木 斯	231	148258.1	20371.5	25966.9	2925
七 台 河	64	49007.8	32670.4	37035.6	1472
牡 丹 江	210	71136.8	17194.6	23453.7	2292
黑　河	123	23617.1	5394.6	8984.8	1100
绥　化	134	102203.6	51115.1	50176.6	3948
大兴安岭	31	5247.7	1660.2	2401.3	244

4-28　卫生和社会工作企业法人单位分登记注册类型主要指标

登记注册类型	单位数(个)	资产总计(万元)	负债合计(万元)	营业收入(万元)	从业人员(人)
总　计	**2193**	**1791743.8**	**905192.3**	**1258971.8**	**54324**
内资企业	**2190**	**1753526.3**	**873161.3**	**1229993.8**	**53176**
国有企业	164	299497.5	240079.3	442420.3	15658
集体企业	107	18632.1	1502.5	4382.1	513
股份合作企业	11	3877.9	5791.6	3318.1	231
联营企业	8	5461.0	636.8	1745.9	194
有限责任公司	195	584932.4	307267.9	352178.2	11490
股份有限公司	45	227354.8	78999.4	104343.1	5118
私营企业	1201	535805.2	214078.9	281671.9	16722
其他企业	459	77965.4	24804.9	39934.5	3250
港、澳、台商投资企业	**NA**	**26004.8**	**24157.7**	**18532.8**	**546**
外商投资企业	**NA**	**12212.7**	**7873.2**	**10445.1**	**602**

4-29 文化、体育和娱乐业企业法人单位主要指标

行　　业	单位数(个)	资产总计(万元)	负债合计(万元)	营业收入(万元)	从业人员(人)
总　计	**5148**	**1714663.4**	**740593.0**	**531546.8**	**28371**
新闻和出版业	77	759254.7	307368.2	102389.1	5933
新闻业	9	133385.4	111519.9	5449.2	2184
出版业	68	625869.4	195848.4	96939.9	3749
广播、电视、电影和录音制作业	365	203094.8	133501.0	147416.3	3546
广播	8	2327.8	560.6	959.3	54
电视	10	50290.1	40505.9	7237.2	936
影视节目制作	170	40544.8	32400.0	66488.3	619
广播电视集成播控					
电影和广播电视节目发行	17	2585.5	2947.8	762.5	49
电影放映	144	106919.1	56861.1	71724.2	1855
录音制作	16	427.5	225.5	244.8	33
文化艺术业	1094	103064.4	37451.3	54368.0	4487
文艺创作与表演	369	41295.7	10186.9	18275.6	1606
艺术表演场馆	8	11947.8	3940.5	2869.0	743
图书馆与档案馆	11	1205.0	433.9	633.4	35
文物及非物质文化遗产保护	12	915.7	24.1	76.9	32
博物馆	13	4957.4	1847.2	589.7	119
烈士陵园、纪念馆	NA				
群众文体活动	124	5583.3	1036.4	3904.7	330
其他文化艺术业	556	37159.5	19982.4	28018.7	1622
体育	424	134941.3	90787.9	21709.8	2111
体育组织	110	15140.3	3459.2	5938.3	528
体育场地设施管理	20	6073.8	747.4	1398.9	104
健身休闲活动	273	112201.3	86511.7	13037.5	1425
其他体育	21	1525.9	69.7	1335.2	54
娱乐业	3188	514308.2	171484.7	205663.6	12294
室内娱乐活动	2405	110226.4	29985.6	71326.7	6807
游乐园	65	253144.0	88019.1	77992.4	2552
休闲观光活动	34	68590.8	11449.5	5704.4	798
彩票活动	5	11.0	0.0	10.0	3
文化体育娱乐活动与经纪代理服务	649	61128.8	39067.7	41615.2	1825
其他娱乐业	30	21207.3	2962.9	9014.9	309

4-30　文化、体育和娱乐业企业法人单位分地区主要指标

地　区	单位数（个）	资产总计（万元）	负债合计（万元）	营业收入（万元）	从业人员（人）
全　省	**5148**	**1714663.4**	**740593.0**	**531546.8**	**28371**
哈尔滨	2024	1168538.2	474300.8	400612.3	13696
齐齐哈尔	327	68336.2	38314.3	19770.3	1690
鸡　西	183	19676.6	4390.6	10458.9	544
鹤　岗	116	11045.7	6488.1	2757.1	514
双鸭山	216	20404.3	1930.9	4360.1	601
大　庆	617	176793.6	136840.8	26958.9	4131
伊　春	137	33927.3	5716.4	3423.8	585
佳木斯	309	22310.9	6875.8	12693.0	1087
七台河	96	9788.6	772.4	1326.5	255
牡丹江	552	140890.1	56523.7	32024.2	3435
黑　河	212	11767.3	3133.5	3997.0	559
绥　化	265	22863.0	4792.2	11816.4	1085
大兴安岭	94	8321.8	513.5	1348.3	189

4-31　文化、体育和娱乐业企业法人单位分登记注册类型主要指标

登记注册类型	单位数（个）	资产总计（万元）	负债合计（万元）	营业收入（万元）	从业人员（人）
总　计	**5148**	**1714663.4**	**740593.0**	**531546.8**	**28371**
内资企业	**5140**	**1649118.7**	**686833.5**	**522829.8**	**28191**
国有企业	78	212732.1	164729.1	100597.3	4802
集体企业	5	117.8	81.6	87.5	13
股份合作企业	NA	20.5	0.1	44.5	6
联营企业	NA	60.0	15.0	48.0	5
有限责任公司	576	677334.4	271633.0	133067.7	7263
股份有限公司	69	292494.1	68301.2	74362.3	770
私营企业	4371	462111.9	181115.1	213599.5	15175
其他企业	38	4247.8	958.4	1023.0	157
港、澳、台商投资企业	**NA**	**9922.8**	**1351.5**	**6055.6**	**51**
外商投资企业	**7**	**55621.9**	**52408.1**	**2661.4**	**129**

4-32 国有控股企业分行业主要指标

行　业	单位数（个）	资产总计（万元）	负债合计（万元）	营业收入（万元）	从业人员（人）
总　计	**2238**	**105540276.3**	**76415072.4**	**15990617.7**	**260574**
交通运输、仓储和邮政业	**690**	**50827740.2**	**46275783.5**	**10264983.7**	**87200**
道路运输业	194	3559656.7	2628660.3	533044.9	20208
水上运输业	9	41120.1	13526.3	12090.2	581
航空运输业	8	1156320.4	406973.4	187797.9	6087
管道运输业					
多式联运和运输代理业	16	105700.0	95219.0	86204.7	335
装卸搬运和仓储业	431	45288743.7	42867717.1	8342038.9	20816
邮政业	32	676199.3	263687.4	1103807.1	39173
信息传输、软件和信息技术服务业	**167**	**7759034.6**	**4598143.6**	**2620920.5**	**66041**
电信、广播电视和卫星传输服务	119	7546843.8	4502184.7	2552848.6	64816
互联网和相关服务	8	8085.3	3645.1	6555.5	72
软件和信息技术服务业	40	204105.6	92313.8	61516.5	1153
房地产业	**172**	**2029716.3**	**1833795.5**	**288057.9**	**24573**
物业管理	100	1018230.5	751803.1	252577.4	19350
房地产中介服务	13	237036.0	214294.3	2655.4	135
房地产租赁经营	56	754501.9	789769.2	32369.2	5082
其他房地产业	NA	19947.9	77928.9	456.0	6
租赁和商务服务业	**525**	**33926532.6**	**18500776.5**	**608279.4**	**42110**
租赁业	19	83819.4	28681.7	30702.3	918
商务服务业	506	33842713.2	18472094.8	577577.1	41192
科学研究和技术服务业	**328**	**4368702.6**	**2409896.4**	**1600559.8**	**17031**
研究和试验发展	17	433735.4	347415.9	38363.5	633
专业技术服务业	234	2700459.4	1545980.8	1479646.6	14300
科技推广和应用服务业	77	1234507.8	516499.7	82549.7	2098
水利、环境和公共设施管理业	**129**	**5818209.5**	**2447847.2**	**105477.4**	**8223**
水利管理业	17	200405.6	64838.1	3333.8	764
生态保护和环境治理业	23	198715.7	113179.4	28011.9	3739
公共设施管理业	84	5413449.9	2264391.6	73487.2	3678
土地管理业	5	5638.4	5438.1	644.5	42
居民服务、修理和其他服务业	**42**	**60721.7**	**11068.2**	**12932.7**	**584**
居民服务业	26	57713.9	9474.6	11108.9	415
机动车、电子产品和日用产品修理业	9	1774.7	799.7	697.8	71
其他服务业	7	1233.2	794.0	1125.9	98
教育	**42**	**61197.6**	**20577.2**	**10858.0**	**922**
学前教育	7	3737.7	313.3	2378.4	252
初等教育					
中等教育	NA	2082.2	205.5	1230.8	121
高等教育	NA				
技能培训、教育辅助及其他教育	32	55377.7	20058.3	7248.8	549
卫生和社会工作	**55**	**158748.2**	**152315.1**	**332563.6**	**8484**
卫生	47	156350.4	151817.3	330121.3	8163
社会工作	8	2397.9	497.8	2442.3	321
文化、体育和娱乐业	**88**	**529673.0**	**164869.2**	**145984.7**	**5406**
新闻和出版业	22	338534.9	86775.4	31165.1	2369
广播、电视、电影和录音制作业	28	75222.5	56474.6	69291.6	1214
文化艺术业	21	27200.7	4282.1	2819.0	867
体育	4	394.9	248.1	3.8	5
娱乐业	13	88320.0	17089.0	42705.2	951

注：不含铁路运输业、金融业、房地产开发经营。

4-33 非公有控股企业分行业主要指标

行 业	单位数(个)	资产总计(万元)	负债合计(万元)	营业收入(万元)	从业人员(人)
总 计	**72615**	**43660084.2**	**22079862.8**	**14077649.6**	**483403**
交通运输、仓储和邮政业	**8156**	**7689962.7**	**3351636.2**	**3642410.2**	**72303**
道路运输业	5406	3112428.8	1423727.7	1668034.2	39803
水上运输业	55	22765.7	9047.8	4117.7	367
航空运输业	39	248178.1	128665.7	39743.1	762
管道运输业					
多式联运和运输代理业	573	331047.5	154041.8	121973.6	2444
装卸搬运和仓储业	1592	3183745.3	1560363.2	1585606.0	15280
邮政业	491	791797.3	75790.0	222935.7	13647
信息传输、软件和信息技术服务业	**9810**	**2986017.3**	**1407988.7**	**1813042.5**	**51626**
电信、广播电视和卫星传输服务	537	1095082.9	561684.7	618301.8	14339
互联网和相关服务	1079	175847.5	68180.9	128698.9	4327
软件和信息技术服务业	8194	1715086.9	778123.1	1066041.8	32960
房地产业	**6299**	**3102294.1**	**2035351.9**	**917702.7**	**61229**
物业管理	3847	798137.7	440313.1	559630.5	48891
房地产中介服务	1968	1008944.2	755594.9	171689.7	7892
房地产租赁经营	388	1162898.1	676901.7	156552.5	3891
其他房地产业	96	132314.1	162542.3	29830.0	555
租赁和商务服务业	**21851**	**19223947.5**	**10021189.1**	**3822044.8**	**145304**
租赁业	3603	597202.8	276702.5	377973.4	11007
商务服务业	18248	18626744.6	9744486.7	3444071.4	134297
科学研究和技术服务业	**13215**	**5164113.5**	**2512233.9**	**1980884.3**	**56853**
研究和试验发展	1924	1262644.6	641515.0	220463.3	7066
专业技术服务业	5935	2218310.1	1067580.3	1075435.0	32588
科技推广和应用服务业	5356	1683158.9	803138.7	684986.0	17199
水利、环境和公共设施管理业	**1090**	**2025014.6**	**1143894.9**	**177774.1**	**10285**
水利管理业	48	515871.4	141675.3	8291.5	189
生态保护和环境治理业	135	114115.0	48792.1	15114.4	721
公共设施管理业	857	1388048.4	950437.4	145610.0	9044
土地管理业	50	6980.0	2990.1	8758.2	331
居民服务、修理和其他服务业	**4372**	**918732.1**	**488195.6**	**542728.3**	**24674**
居民服务业	1761	538956.2	307502.8	158733.5	10169
机动车、电子产品和日用产品修理业	1526	222651.0	116519.5	235151.7	6009
其他服务业	1085	157124.9	64173.3	148843.2	8496
教育	**1788**	**233152.8**	**76251.8**	**109485.9**	**10805**
学前教育	216	14623.0	4215.4	7936.0	1620
初等教育	17	236.3	31.5	125.9	44
中等教育	14	413.0	139.3	317.9	90
高等教育	NA	308.9	399.8	292.1	74
特殊教育	NA	20.8	10.0	19.6	5
技能培训、教育辅助及其他教育	1538	217550.7	71455.8	100794.3	8972
卫生和社会工作	**1115**	**1304798.0**	**607799.7**	**731057.4**	**31129**
卫生	915	1176138.0	557436.8	721351.5	29982
社会工作	200	128660.0	50362.9	9705.8	1147
文化、体育和娱乐业	**4919**	**1012051.7**	**435321.1**	**340519.4**	**19195**
新闻和出版业	41	275323.8	95683.5	45365.3	523
广播、电视、电影和录音制作业	324	111711.3	65549.0	61783.2	1964
文化艺术业	1030	67247.6	31788.9	50570.8	3425
体育	363	133905.0	90304.6	20532.4	1998
娱乐业	3161	423864.0	151995.0	162267.6	11285

注：不含铁路运输业、金融业、房地产开发经营。

4-34 规模以上交通运输、仓储和

行业	固定资产原价(万元)	累计折旧(万元)	资产总计(万元)	负债合计(万元)	所有者权益合计(万元)	营业收入(万元)
总计	**16164695.9**	**4606403.1**	**48273310.7**	**40909878.8**	**7363431.9**	**12862456.8**
铁路运输业	11987846.3	3097929.4	19721840.9	15931010.5	3790830.4	4626266.6
铁路旅客运输						
铁路货物运输	128939.2	45660.9	99352.2	84008.7	15343.5	15906.0
铁路运输辅助活动	11858907.1	3052268.5	19622488.7	15847001.8	3775486.9	4610360.6
道路运输业	1035470.9	504050.8	3919416.2	2616824.3	1302591.9	1105603.4
城市公共交通运输	593329.8	294901.3	3085847.1	2001673.3	1084173.8	188474.2
公路旅客运输	115472.8	66431.9	150311.9	83875.0	66436.9	38330.4
道路货物运输	228886.2	108179.9	566276.4	446701.6	119574.8	854134.9
道路运输辅助活动	97782.1	34537.7	116980.8	84574.4	32406.4	24663.9
水上运输业	25568.6	12849.2	27799.4	9418.5	18380.9	9748.3
水上旅客运输	6286.1	2145.1	14762.9	8259.0	6503.9	3413.6
水上货物运输	12125.8	5706.1	9165.0	703.4	8461.6	5085.0
水上运输辅助活动	7156.7	4998.0	3871.5	456.1	3415.4	1249.7
航空运输业	868259.7	239071.4	1282660.0	485522.6	797137.4	205072.3
航空客货运输	84223.2	4916.5	179884.2	136368.9	43515.3	15860.3
通用航空服务	150655.0	46463.2	196103.6	69904.5	126199.1	41067.9
航空运输辅助活动	633381.5	187691.7	906672.2	279249.2	627423.0	148144.1
管道运输业						
海底管道运输						
陆地管道运输						
多式联运和运输代理业	51076.3	59712.1	186317.6	146383.6	39934.0	124131.8
多式联运	2029.4	824.5	21748.5	8119.5	13629.0	5967.7
运输代理业	49046.9	58887.6	164569.1	138264.1	26305.0	118164.1
装卸搬运和仓储业	1756711.3	430157.9	22816978.8	21581653.7	1235325.1	6096202.7
装卸搬运	50816.3	16787.4	94395.4	45199.9	49195.5	27281.8
通用仓储	6088.7	4203.1	3681.8	4291.2	-609.4	1473.0
低温仓储	7426.3	2451.2	8681.2	3046.6	5634.6	1363.3
危险品仓储						
谷物、棉花等农产品仓储	1690644.8	405148.4	22708915.5	21527563.2	1181352.3	6065428.8
中药材仓储						
其他仓储业	1735.2	1567.8	1304.9	1552.8	-247.9	655.8
邮政业	439762.8	262632.3	318297.8	139065.6	179232.2	695431.7
邮政基本服务	386230.5	241835.4	227650.7	53943.2	173707.5	520188.1
快递服务	38977.7	14445.6	57174.4	37664.9	19509.5	71348.7
其他寄递服务	14554.6	6351.3	33472.7	47457.5	-13984.8	103894.9

注：规模以上铁路运输业企业数据存在内部往来未扣除。

邮政业企业法人单位主要指标

营业成本（万元）	税金及附加（万元）	销售费用、管理费用、财务费用合计（万元）	投资收益（万元）	营业利润（万元）	利润总额（万元）	应付职工薪酬（万元）	应交增值税（万元）	平均用工人数（人）
15339595.4	**27436.0**	**1162920.0**	**32006.8**	**-1103306.1**	**-954951.2**	**3053451.9**	**111376.6**	**228858**
5353531.5	4204.3	373275.0	29050.3	-1031859.4	-1083543.6	2371611.9	97859.5	149664
15209.2	71.4	4374.4	2.2	-3746.8	-2218.3	9386.3	225.0	2266
5338322.3	4132.9	368900.6	29048.1	-1028112.6	-1081325.3	2362225.6	97634.5	147398
1044902.5	5416.0	180915.2	1693.7	-78416.4	-16728.5	163573.5	13617.2	28787
210153.6	1250.9	93926.2	1188.4	-69684.4	-9820.0	109742.2	3059.1	18319
23911.4	649.6	13837.2	241.2	203.2	441.8	11168.6	952.1	2753
793376.1	2655.3	56649.0	174.6	1082.7	1457.0	25484.3	8667.5	4152
17461.4	860.2	16502.8	89.5	-10017.9	-8807.3	17178.4	938.5	3563
8524.0	90.8	1362.4		-209.2	52.2	2901.9	217.1	473
3709.1	33.7	716.1		-1057.2	-796.4	1105.2	174.8	179
3872.7	31.5	397.8		814.6	814.6	1316.2	9.4	228
942.2	25.6	248.5		33.4	34.0	480.5	32.9	66
171047.6	4710.8	42555.9	200.5	-3141.7	-6860.4	84828.6	2582.9	6466
34482.6	132.1	3233.0		-19382.8	-19328.4	3942.0	10.3	447
31046.4	164.5	13161.9	88.0	1375.7	1383.6	10867.9	482.9	767
105518.6	4414.2	26161.0	112.5	14865.4	11084.4	70018.7	2089.7	5252
116646.3	266.1	15565.3		1597.6	1580.1	4111.9	-2276.6	601
4572.5	3.4	1174.4		217.4	216.1	180.9		50
112073.8	262.7	14390.9		1380.2	1364.0	3931.0	-2276.6	551
8054198.9	7709.7	469519.8	1062.3	-9346.5	133359.1	93754.3	-10461.5	13085
19250.7	447.6	6871.5	178.3	1373.1	334.4	9047.0	1123.9	2485
639.1	6.4	950.6		-123.1	-106.3	676.9	50.8	188
989.2	79.9	160.5		150.5	177.7	239.4	44.6	26
8033319.9	7131.3	460878.3	884.0	-10699.4	132999.6	83443.8	-11700.5	10321
	44.5	658.9		-47.6	-46.3	347.2	19.7	65
590744.6	5038.3	79726.4		18069.5	17189.9	332669.8	9838.0	29782
419037.7	4511.4	58378.9		37127.6	36091.8	278999.2	3548.2	22758
75548.4	384.2	8568.4		-13984.2	-13857.9	26057.5	5800.3	2835
96158.5	142.7	12779.1		-5073.9	-5044.0	27613.1	489.5	4189

4-35 规模以上信息传输、软件和信息

行业	固定资产原价(万元)	累计折旧(万元)	资产总计(万元)	负债合计(万元)	所有者权益合计(万元)	营业收入(万元)
总计	**10788772.5**	**5984594.8**	**6075216.1**	**3934279.0**	**2140937.1**	**3037327.2**
电信、广播电视和卫星传输服务	10705935.9	5952256.6	5614256.4	3681850.3	1932406.1	2709683.2
电信	9947859.4	5580117.9	4736727.9	3152508.1	1584219.8	2526479.1
广播电视传输服务	758076.5	372138.7	877528.5	529342.2	348186.3	183204.1
卫星传输服务						
互联网和相关服务	13091.4	5750.4	34305.4	19096.9	15208.5	67300.1
互联网接入及相关服务	1116.6	560.5	3328.4	2712.3	616.1	7502.5
互联网信息服务	7548.2	3664.7	24241.1	14668.8	9572.3	55730.7
互联网平台	988.6	118.1	3269.2	1536.3	1732.9	1633.4
互联网安全服务						
互联网数据服务	3438.0	1407.1	3466.7	179.5	3287.2	2433.5
其他互联网服务						
软件和信息技术服务业	69745.2	26587.8	426654.3	233331.8	193322.5	260343.9
软件开发	55225.6	18217.7	326468.9	167830.4	158638.5	216272.5
集成电路设计						
信息系统集成和物联网技术服务	6141.4	1803.7	20772.5	9080.4	11692.1	9505.8
运行维护服务						
信息处理和存储支持服务	6610.7	5350.9	32112.7	20028.7	12084.0	13234.7
信息技术咨询服务	16.2	14.9	32392.2	31959.2	433.0	12154.1
数字内容服务						
其他信息技术服务业	1751.3	1200.6	14908.0	4433.1	10474.9	9176.8

技术服务业企业法人单位主要指标

营业成本（万元）	税金及附加（万元）	销售费用、管理费用、财务费用合计（万元）	投资收益（万元）	营业利润（万元）	利润总额（万元）	应付职工薪酬（万元）	应交增值税（万元）	平均用工人数（人）
2357821.8	**11970.9**	**478844.3**	**4119.0**	**137701.8**	**144145.5**	**525385.5**	**48189.7**	**56483**
2123666.3	10144.4	406540.2	3868.0	114629.3	116598.5	479013.1	37775.6	51026
1954086.5	8963.3	351750.7	2705.3	159755.8	161395.5	414290.3	66930.7	42246
169579.8	1181.1	54789.5	1162.7	-45126.5	-44797.0	64722.8	-29155.1	8780
59064.8	163.1	10945.7	-135.5	-3100.1	-1717.5	6200.6	361.5	794
6260.7	1.1	1273.6		-22.8	-21.0	854.0	-25.3	56
50113.1	155.3	8603.7	-118.9	-3352.0	-2173.4	4840.7	383.6	643
882.1	1.2	320.7		429.4	429.4	394.4	-1.1	68
1808.9	5.5	747.7	-16.6	-154.7	47.5	111.5	4.3	27
175090.7	1663.4	61358.4	386.5	26172.6	29264.5	40171.8	10052.6	4663
142237.3	1455.1	47527.8	392.9	26927.6	29925.6	31168.1	8897.6	3405
7416.7	80.9	2817.9		87.1	188.8	2525.7	435.9	269
10245.8	58.9	5623.9	-6.4	-1298.9	-1306.6	4253.8	413.2	642
11952.6	5.4	235.1		-39.0	-39.1	38.8	-8.8	16
3238.3	63.1	5153.7		495.8	495.8	2185.4	314.7	331

4-36 规模以上物业管理、房地产中介服务、房地产租赁

行业	固定资产原价（万元）	累计折旧（万元）	资产总计（万元）	负债合计（万元）	所有者权益合计（万元）	营业收入（万元）
总计	**267322.9**	**71061.0**	**850552.9**	**575963.6**	**274589.3**	**237015.4**
物业管理	137942.3	32805.5	344809.4	297092.0	47717.4	204989.9
房地产中介服务	3914.8	1633.2	230466.7	214629.9	15836.8	15683.3
房地产租赁经营	125465.8	36622.3	275276.8	64241.7	211035.1	16342.2
其他房地产业						

4-37 规模以上租赁和商务服务业

行业	固定资产原价（万元）	累计折旧（万元）	资产总计（万元）	负债合计（万元）	所有者权益合计（万元）	营业收入（万元）
总计	**3224706.5**	**614059.9**	**19661389.5**	**11875919.7**	**7785469.8**	**1265573.2**
租赁业	3839.0	764.6	6174.9	5069.4	1105.5	4510.6
机械设备经营租赁	3839.0	764.6	6174.9	5069.4	1105.5	4510.6
文体设备和用品出租						
日用品出租						
商务服务业	3220867.5	613295.3	19655214.6	11870850.3	7784364.3	1261062.6
组织管理服务	2188943.9	228588.2	16349690.1	9318853.6	7030836.5	143598.7
综合管理服务	852224.7	315248.2	2551820.5	1925591.9	626228.6	282899.3
法律服务	1986.7	1072.4	3919.2	1388.6	2530.6	6601.1
咨询与调查	2494.1	1861.2	54676.9	39920.7	14756.2	18126.6
广告业	76793.1	15620.7	170475.6	75903.8	94571.8	130523.3
人力资源服务	3548.9	2372.6	40225.1	28592.7	11632.4	68803.4
安全保护服务	35953.0	23271.9	36794.9	18297.8	18497.1	47209.9
会议、展览及相关服务	2884.0	1419.3	15929.0		15929.0	19895.8
其他商务服务业	56039.1	23840.8	431683.3	462301.2	-30617.9	543404.5

经营和其他房地产业企业法人单位主要指标

营业成本（万元）	税金及附加（万元）	销售费用、管理费用、财务费用合计（万元）	投资收益（万元）	营业利润（万元）	利润总额（万元）	应付职工薪酬（万元）	应交增值税（万元）	平均用工人数（人）
172616.6	**3593.4**	**59813.8**	**229.5**	**3125.3**	**5944.6**	**77925.6**	**7602.0**	**19577**
168452.5	1996.8	41453.4	232.8	-4776.8	-2013.5	72395.6	6174.1	18444
439.3	93.9	10668.9	-16.7	4465.5	4471.3	3235.6	673.6	804
3724.8	1502.7	7691.5	13.4	3436.6	3486.8	2294.4	754.3	329

企业法人单位主要指标

营业成本（万元）	税金及附加（万元）	销售费用、管理费用、财务费用合计（万元）	投资收益（万元）	营业利润（万元）	利润总额（万元）	应付职工薪酬（万元）	应交增值税（万元）	平均用工人数（人）
439636.0	**16892.3**	**1000391.2**	**196153.2**	**4389.8**	**4633.1**	**403765.7**	**39047.4**	**41520**
2753.0	10.8	1650.5		96.3	96.3	1060.1	-122.9	138
2753.0	10.8	1650.5		96.3	96.3	1060.1	-122.9	138
436883.0	16881.5	998740.7	196153.2	4293.5	4536.8	402705.6	39170.3	41382
55346.6	1641.8	95405.9	187412.3	178183.1	176102.5	31169.4	6305.5	2483
93878.8	10778.2	207769.8	3788.2	-24938.0	-24124.8	32526.2	9295.1	5423
3304.6	43.9	2172.1		1080.5	1080.5	187.8	378.7	39
7523.8	82.3	9333.7		1186.8	951.1	2214.3	571.3	290
109946.3	1103.3	15129.6	4215.0	8497.5	9068.8	10135.4	1802.1	957
58718.4	448.7	8626.3	31.1	1041.1	977.5	17377.6	2336.4	3930
25405.3	229.2	8301.9		13273.5	12890.5	30590.1	962.3	7716
9923.9	106.3	1530.1		8335.5	8335.5	299.5	877.9	71
72835.3	2447.8	650471.3	706.6	-182366.5	-180744.8	278205.3	16641.0	20473

4-38 规模以上科学研究和技术服务业

行业	固定资产原价(万元)	累计折旧(万元)	资产总计(万元)	负债合计(万元)	所有者权益合计(万元)	营业收入(万元)
总计	**332147.5**	**123341.8**	**1952719.8**	**1265831.3**	**686888.5**	**1372461.5**
研究和试验发展	122837.6	40149.9	185093.8	86553.5	98540.3	21329.1
自然科学研究和试验发展						
工程和技术研究和试验发展	120571.8	39199.7	162984.6	79117.9	83866.7	20893.2
农业科学研究和试验发展						
医学研究和试验发展	2265.8	950.2	22109.2	7435.6	14673.6	435.9
社会人文科学研究						
专业技术服务业	189582.1	75689.8	1674296.5	1113936.1	560360.4	1320849.6
气象服务						
地震服务						
海洋服务						
测绘地理信息服务	9573.3	6967.4	52174.6	9793.2	42381.4	21445.1
质检技术服务	12389.5	2426.9	25603.7	3246.2	22357.5	13941.9
环境与生态监测检测服务						
地质勘查	3295.7	2716.5	7576.3	2818.8	4757.5	3687.6
工程技术与设计服务	160778.3	61423.4	1573584.1	1089818.7	483765.4	1273857.4
工业与专业设计及其他专业技术服务	3545.3	2155.6	15357.8	8259.2	7098.6	7917.6
科技推广和应用服务业	19727.8	7502.1	93329.5	65341.7	27987.8	30282.8
技术推广服务	11776.5	7467.2	52633.5	39789.2	12844.3	27014.4
知识产权服务						
科技中介服务						
创业空间服务	7951.3	34.9	40696.0	25552.5	15143.5	3268.4
其他科技推广服务业						

企业法人单位主要指标

营业成本（万元）	税金及附加（万元）	销售费用、管理费用、财务费用合计（万元）	投资收益（万元）	营业利润（万元）	利润总额（万元）	应付职工薪酬（万元）	应交增值税（万元）	平均用工人数（人）
1198304.0	**3750.0**	**113588.7**	**8527.3**	**40552.0**	**42997.2**	**135477.9**	**21020.8**	**9501**
12172.9	196.7	3904.9	208.5	6026.5	4302.6	4218.7	147.4	312
12172.9	194.3	3794.6	208.5	5703.3	5601.7	3898.5	53.2	256
	2.4	110.3		323.2	-1299.1	320.2	94.2	56
1162393.9	3199.8	103913.4	7869.5	33097.2	37300.9	126544.8	20822.6	8756
10742.2	110.6	9203.0	522.3	1911.6	1890.3	6319.2	827.0	648
7475.7	71.2	4643.1	658.1	2456.4	2516.9	3670.1	1347.1	461
955.9	27.8	469.5		2234.4	2220.7	917.5	95.1	107
1140857.5	2935.0	84505.2	6411.0	25788.6	29970.8	114023.8	18093.0	7301
2362.6	55.2	5092.6	278.1	706.2	702.2	1614.2	460.4	239
23737.2	353.5	5770.4	449.3	1428.3	1393.7	4714.4	50.8	433
21790.0	139.2	4363.9	449.3	1727.9	1695.8	4680.6	28.2	423
1947.2	214.3	1406.5		-299.6	-302.1	33.8	22.6	10

4-39 规模以上水利、环境和公共设施

行业	固定资产原价(万元)	累计折旧(万元)	资产总计(万元)	负债合计(万元)	所有者权益合计(万元)	营业收入(万元)
总计	**195780.9**	**54413.9**	**442554.0**	**333815.2**	**108738.8**	**52966.1**
水利管理业	41476.9	13034.2	33467.8	12724.6	20743.2	2587.4
防洪除涝设施管理						
水资源管理						
天然水收集与分配						
水文服务						
其他水利管理业	41476.9	13034.2	33467.8	12724.6	20743.2	2587.4
生态保护和环境治理业	30879.6	8856.7	44380.9	14922.1	29458.8	11703.8
生态保护	6065.7	3813.1	3313.4	979.6	2333.8	4121.9
环境治理业	24813.9	5043.6	41067.5	13942.5	27125.0	7581.9
公共设施管理业	123424.4	32523.0	364705.3	306168.5	58536.8	38674.9
市政设施管理	2400.1	1207.7	4864.8	2448.8	2416.0	1925.5
环境卫生管理	6750.7	1744.7	13376.0	11485.5	1890.5	11216.8
城乡市容管理						
绿化管理						
城市公园管理						
游览景区管理	114273.6	29570.6	346464.5	292234.2	54230.3	25532.6
土地管理业						
土地整治服务						
土地调查评估服务						
土地登记服务						
土地登记代理服务						
其他土地管理服务						

管理业企业法人单位主要指标

营业成本（万元）	税金及附加（万元）	销售费用、管理费用、财务费用合计（万元）	投资收益（万元）	营业利润（万元）	利润总额（万元）	应付职工薪　酬（万元）	应　交增值税（万元）	平　　均用工人数（人）
38343.7	**793.1**	**29385.0**		**-14049.8**	**-11658.6**	**22944.8**	**1823.8**	**4533**
4417.5	26.7	2479.7		-4336.5	-2663.4	2493.9	54.2	517
4417.5	26.7	2479.7		-4336.5	-2663.4	2493.9	54.2	517
6056.8	152.4	4368.5		2334.3	2470.0	2608.0	1044.7	256
1523.9	17.0	2779.5		-198.4	-199.0	772.9	104.4	99
4532.9	135.4	1589.0		2532.7	2669.0	1835.1	940.3	157
27869.4	614.0	22536.8		-12047.6	-11465.2	17842.9	724.9	3760
1082.5	77.6	939.8		-176.2	211.5	1327.1	89.7	138
9576.6	31.8	912.5		666.4	363.3	5406.5	176.0	1813
17210.3	504.6	20684.5		-12537.8	-12040.0	11109.3	459.2	1809

4-40 规模以上居民服务、修理和

行业	固定资产原价(万元)	累计折旧(万元)	资产总计(万元)	负债合计(万元)	所有者权益合计(万元)	营业收入(万元)
总计	**6883127.8**	**2554287.3**	**30010370.5**	**18521053.2**	**11488674.1**	**19443106.8**
居民服务业	3895752.7	1386931.0	13179141.5	8624661.5	4553836.8	7423614.9
家庭服务	107783.5	36228.6	687239.3	444880.0	242359.3	793540.2
托儿所服务	3350.5	1416.1	7330.2	3342.1	3988.1	6415.4
洗染服务	190253.5	68351.5	399126.3	297431.4	101694.9	525235.8
理发及美容服务	217065.5	99811.3	829674.0	682244.1	147429.9	683946.5
洗浴和保健养生服务	1277081.1	366200.9	2795283.7	2329112.2	465528.3	1116954.7
摄影扩印服务	181270.2	69270.8	487357.4	291364.0	195993.4	649037.9
婚姻服务	66159.9	21129.3	196222.2	118467.0	77755.2	190449.5
殡葬服务	1467232.7	612281.1	6350732.5	3412973.8	2937758.7	2256356.4
其他居民服务业	385555.8	112241.4	1426175.9	1044846.9	381329.0	1201678.5
机动车、电子产品和日用产品修理业	1498946.2	628572.7	11509135.9	7011904.7	4497231.2	6847335.6
汽车、摩托车等修理与维护	1223404.1	480501.3	9244341.9	5740103.1	3504238.8	4007140.7
计算机和办公设备维修	213171.4	112469.8	1259459.5	569542.2	689917.3	1062863.3
家用电器修理	45509.5	25876.5	814693.9	595278.8	219415.1	1581129.4
其他日用产品修理业	16861.2	9725.1	190640.6	106980.6	83660.0	196202.2
其他服务业	1488428.9	538783.6	5322093.1	2884487.0	2437606.1	5172156.3
清洁服务	923315.4	383060.8	2911410.6	1546169.1	1365241.5	4385924.2
宠物服务	11135.9	5370.9	135483.0	37615.9	97867.1	35532.2
其他未列明服务业	553977.6	150351.9	2275199.5	1300702.0	974497.5	750699.9

其他服务业企业法人单位主要指标

营业成本（万元）	税金及附加（万元）	销售费用、管理费用、财务费用合计（万元）	投资收益（万元）	营业利润（万元）	利润总额（万元）	应付职工薪酬（万元）	应交增值税（万元）	平均用工人数（人）
13198012.8	**161806.8**	**4875376.2**	**76292.8**	**1351219.2**	**1447937.1**	**5422098.3**	**578756.2**	**1034577**
4254212.6	59010.8	2469704.2	27329.8	665976.2	705960.2	1903101.3	140827.2	312384
554797.5	7968.7	211682.7	928.6	18101.4	20314.8	371324.2	17090.4	83619
4789.8	64.2	1331.9	2.5	278.6	286.2	2174.0	96.2	439
311530.1	3396.0	204029.2	1085.5	7301.4	8441.1	118938.1	16407.0	18843
304402.8	3741.2	350127.3	3613.6	26980.4	30363.2	205422.4	15106.8	23101
525673.2	16313.8	587092.6	370.2	-8410.5	-4811.0	317584.6	28794.0	61362
344784.4	3657.9	266300.9	936.3	35434.8	37395.0	169437.0	13380.9	23196
119927.2	2051.9	56973.0	526.2	11973.4	12450.9	35019.8	2759.6	4441
1074164.2	14198.1	613400.0	10367.8	559783.5	570027.8	286742.3	17338.0	34750
1014143.4	7619.0	178766.6	9499.1	14533.2	31492.2	396458.9	29854.3	62633
5135866.1	59159.8	1261199.6	27351.4	457284.5	487495.3	1031612.9	247110.8	140256
2954280.4	39072.6	781957.6	13096.6	247179.1	270381.7	615431.2	121105.5	99467
761512.3	5467.3	239494.9	12804.9	69706.4	73041.3	209648.7	29580.1	19967
1273650.3	13425.5	204647.1	772.9	126311.7	129363.4	166608.8	88438.7	16313
146423.1	1194.4	35100.0	677.0	14087.3	14708.9	39924.2	7986.5	4509
3807934.1	43636.2	1144472.4	21611.6	227958.5	254481.6	2487384.1	190818.2	581937
3234775.9	32165.9	981645.4	7842.7	175611.4	202015.4	2305542.9	164352.9	557985
26563.5	105.6	19834.9		-10986.6	-10913.2	15253.8	437.7	1814
546594.7	11364.7	142992.1	13768.9	63333.7	63379.4	166587.4	26027.6	22138

4-41 规模以上教育企业法人

行业	固定资产原价(万元)	累计折旧(万元)	资产总计(万元)	负债合计(万元)	所有者权益合计(万元)	营业收入(万元)
总计	**25820.8**	**10981.6**	**36378.0**	**14373.2**	**22004.8**	**24820.8**
学前教育	304.4		3147.4	279.4	2868.0	1587.0
初等教育	614.0	170.6	448.8	392.7	56.1	233.1
中等教育	10067.4	1144.0	13777.7	2970.8	10806.9	1369.7
高等教育						
特殊教育						
技能培训、教育辅助及其他教育	14835.0	9667.0	19004.1	10730.3	8273.8	21631.0

4-42 规模以上卫生和社会工作

行业	固定资产原价(万元)	累计折旧(万元)	资产总计(万元)	负债合计(万元)	所有者权益合计(万元)	营业收入(万元)
总计	**622550.1**	**209324.3**	**759243.0**	**475832.1**	**283410.9**	**769802.6**
卫生	622258.8	209324.3	714389.5	443097.2	271292.3	767459.5
医院	605422.4	200067.2	689192.4	428505.8	260686.6	731442.4
基层医疗卫生服务	470.0	222.5	745.2	202.6	542.6	1745.1
专业公共卫生服务	5923.2	3154.0	4123.5	7084.5	-2961.0	1349.2
其他卫生活动	10443.2	5880.6	20328.4	7304.3	13024.1	32922.8
社会工作	291.3		44853.5	32734.9	12118.6	2343.1
提供住宿社会工作	291.3		44853.5	32734.9	12118.6	2343.1
不提供住宿社会工作						

单位分行业主要指标

营业成本（万元）	税金及附加（万元）	销售费用、管理费用、财务费用合计（万元）	投资收益（万元）	营业利润（万元）	利润总额（万元）	应付职工薪酬（万元）	应交增值税（万元）	平均用工人数（人）
15420.9	**143.1**	**10543.6**		**1041.6**	**974.1**	**8641.7**	**530.7**	**158**
		1587.0				767.5		9
		233.1				130.5		
627.3	34.1	2349.8		686.9	688.6	3645.5	16.7	45
14793.6	109.0	6373.7		354.7	285.5	4098.2	514.0	103

企业法人单位分行业主要指标

营业成本（万元）	税金及附加（万元）	销售费用、管理费用、财务费用合计（万元）	投资收益（万元）	营业利润（万元）	利润总额（万元）	应付职工薪酬（万元）	应交增值税（万元）	平均用工人数（人）
694353.2	**644.2**	**105090.2**	**336.7**	**-27837.1**	**-15184.3**	**215800.6**	**95.9**	**22206**
693111.9	644.2	102661.3	336.7	-26510.0	-13734.5	214982.0	95.9	21978
674005.0	613.3	87514.5	336.5	-28131.4	-15369.6	207568.8	70.1	20786
647.6		1541.7		-444.2	-455.7	272.0		90
1818.1	0.2	574.0		-1043.1	-1112.1	1181.7		183
16641.2	30.7	13031.1	0.2	3108.7	3202.9	5959.5	25.8	919
1241.3		2428.9		-1327.1	-1449.8	818.6		228
1241.3		2428.9		-1327.1	-1449.8	818.6		228

4-43 规模以上文化、体育和

行业	固定资产原价(万元)	累计折旧(万元)	资产总计(万元)	负债合计(万元)	所有者权益合计(万元)	营业收入(万元)
总计	**289125.5**	**101401.4**	**562335.6**	**328726.5**	**233609.1**	**188401.3**
新闻和出版业	122306.6	38754.3	189253.0	106134.7	83118.3	44521.7
新闻业						
出版业	122306.6	38754.3	189253.0	106134.7	83118.3	44521.7
广播、电视、电影和录音制作业	38134.9	20166.8	100155.6	82823.4	17332.2	49026.9
广播						
电视	13614.1	8229.2	46770.9	39732.6	7038.3	4337.7
影视节目制作						
广播电视集成播控						
电影和广播电视节目发行						
电影放映	24520.8	11937.6	53384.7	43090.8	10293.9	44689.2
录音制作						
文化艺术业	3885.1	747.8	8461.2	1498.0	6963.2	3504.3
文艺创作与表演	16.0	3.4	1988.9	67.4	1921.5	1271.4
艺术表演场馆	3869.1	744.4	6472.3	1430.6	5041.7	2232.9
图书馆与档案馆						
文物及非物质文化遗产保护						
博物馆						
烈士陵园、纪念馆						
群众文体活动						
其他文化艺术业						
体育	13420.0	7622.8	57361.0	54585.1	2775.9	1954.7
体育组织						
体育场地设施管理						
健身休闲活动	13420.0	7622.8	57361.0	54585.1	2775.9	1954.7
其他体育						
娱乐业	111378.9	34109.7	207104.8	83685.3	123419.5	89393.7
室内娱乐活动	2483.8	1285.5	13374.7	13268.3	106.4	6375.3
游乐园	78768.2	23089.4	161167.1	69336.8	91830.3	73024.9
休闲观光活动	14203.1	906.9	14507.6	304.5	14203.1	2770.9
彩票活动						
文化体育娱乐活动与经纪代理服务						
其他娱乐业	15923.8	8827.9	18055.4	775.7	17279.7	7222.6

娱乐业法人单位主要指标

营业成本（万元）	税金及附加（万元）	销售费用、管理费用、财务费用合计（万元）	投资收益（万元）	营业利润（万元）	利润总额（万元）	应付职工薪酬（万元）	应交增值税（万元）	平均用工人数（人）
136739.6	**3085.7**	**72103.5**	**70.9**	**-20697.8**	**-13507.7**	**58705.5**	**3279.6**	**7947**
32973.8	365.0	26420.4	52.9	-14974.0	-15184.7	26211.0	925.6	2670
32973.8	365.0	26420.4	52.9	-14974.0	-15184.7	26211.0	925.6	2670
36437.4	1635.4	17237.8	-14.4	-4039.7	-3676.8	9452.8	653.2	1718
4384.1	147.3	6491.9	-14.4	-4429.4	-4537.5	4887.9		922
32053.3	1488.1	10745.9		389.7	860.7	4564.9	653.2	796
3313.5	49.4	4961.9		-4768.3	844.4	3060.0	123.3	404
960.6	36.5	342.5		-16.0	-16.0	267.8	29.4	74
2352.9	12.9	4619.4		-4752.3	860.4	2792.2	93.9	330
186.3	5.3	2819.1		-1056.0	-1064.2	603.8	47.5	138
186.3	5.3	2819.1		-1056.0	-1064.2	603.8	47.5	138
63828.6	1030.6	20664.3	32.4	4140.2	5573.6	19377.9	1530.0	3017
3099.7	30.3	2675.2		575.2	558.1	1753.5	232.4	310
53743.0	891.3	15920.2	32.4	2427.5	3852.5	14601.4	1042.9	2254
3360.8	0.1	4.8		-594.8	-594.8	1094.4	2.9	288
3625.1	108.9	2064.1		1732.3	1757.8	1928.6	251.8	165

第5篇

服务业行政事业及非企业法人单位篇

5-1　服务业行政事业及非企业法人单位分行业主要指标

行　业	单位数(个)	资产总计(万元)	非企业单位支出(费用)(万元)	从业人员(人)
总　计	**50125**	**88060169.4**	**36369033.2**	**1352263**
交通运输、仓储和邮政业	**338**	**779419.7**	**327087.0**	**20954**
道路运输业	309	743096.7	313190.4	20355
水上运输业	10	853.5	4375.4	105
航空运输业	5	7356.0	2491.1	107
多式联运和运输代理业	NA	191.3	62.1	20
装卸搬运和仓储业	11	27897.0	6951.3	364
邮政业	NA	25.3	16.9	3
信息传输、软件和信息技术服务业	**160**	**764867.8**	**149915.6**	**5361**
电信、广播电视和卫星传输服务	102	243129.8	139699.9	4876
互联网和相关服务	27	511204.3	2626.3	153
软件和信息技术服务业	31	10533.6	7589.4	332
房地产业	**89**	**100508.4**	**87246.0**	**1889**
物业管理	38	35330.1	12730.6	684
房地产中介服务	11	845.1	759.1	89
房地产租赁经营	5	6568.0	2890.9	112
其他房地产业	35	57765.2	70865.4	1004
租赁和商务服务业	**981**	**1154613.8**	**285590.3**	**9504**
租赁业	NA	941.5	2520.3	19
商务服务业	978	1153672.4	283070.1	9485
科学研究和技术服务业	**1672**	**4969961.9**	**1006207.3**	**32673**
研究和试验发展	180	772647.2	245519.6	6073
专业技术服务业	939	3734683.3	579294.2	20212
科技推广和应用服务业	553	462631.4	181393.4	6388

注：不含铁路运输业、金融业、房地产开发经营。

5-1 续表

行 业	单位数(个)	资产总计(万元)	非企业单位支出(费用)(万元)	从业人员(人)
水利、环境和公共设施管理业	**1065**	**1696983.1**	**671879.5**	**47824**
水利管理业	475	619286.7	125236.7	9618
生态保护和环境治理业	117	144698.1	43798.1	2748
公共设施管理业	441	930513.9	490449.6	35077
土地管理业	32	2484.5	12395.1	381
居民服务、修理和其他服务业	**282**	**194605.5**	**97021.6**	**4533**
居民服务业	247	176329.2	83846.3	4020
机动车、电子产品和日用产品修理业	5	3400.2	5142.7	175
其他服务业	30	14876.1	8032.7	338
教育	**7535**	**15441267.0**	**7409279.8**	**400017**
学前教育	1913	301118.6	197874.0	26817
初等教育	1611	1744464.5	1533178.6	105681
中等教育	1779	4968407.4	2601205.4	175135
高等教育	125	7698113.2	2599937.1	62929
特殊教育	88	51058.3	46576.1	2383
技能培训、教育辅助及其他教育	2019	678105.0	430508.7	27072
卫生和社会工作	**3948**	**10154830.6**	**6647956.2**	**216203**
卫生	2675	9247202.0	6462140.9	204592
社会工作	1273	907628.6	185815.3	11611
文化、体育和娱乐业	**1339**	**2025025.9**	**355368.5**	**20445**
新闻和出版业	89	86292.5	45428.9	2902
广播、电视、电影和录音制作业	104	1214642.0	62131.2	4896
文化艺术业	854	417524.3	163275.1	9566
体育	223	161554.7	54321.6	2501
娱乐业	69	145012.4	30211.7	580
公共管理、社会保障和社会组织	**32716**	**50778085.8**	**19331481.4**	**592860**
中国共产党机关	1320	457923.6	683432.8	21514
国家机构	13864	43426641.2	17042613.2	459666
人民政协、民主党派	203	22317.0	51292.1	2278
社会保障	333	140338.7	817019.2	5697
群众团体、社会团体和其他成员组织	4961	1069995.4	248750.1	22448
基层群众自治组织	12035	5660870.0	488374.0	81257

5-2　交通运输、仓储和邮政业行政事业及非企业法人单位分地区主要指标

地　区	单位数(个)	资产总计(万元)	非企业单位支出(费用)(万元)	从业人员(人)
全　省	**338**	**779419.7**	**327087.0**	**20954**
哈尔滨	70	278282.1	83724.4	5646
齐齐哈尔	44	59992.3	35110.6	2060
鸡　西	23	56409.8	22106.1	1643
鹤　岗	12	35010.5	9194.5	678
双鸭山	16	50017.3	17257.6	1299
大　庆	10	35400.8	19212.9	1281
伊　春	8	28285.0	18437.6	1167
佳木斯	34	20363.6	23004.9	1625
七台河	NA	2630.5	730.0	157
牡丹江	18	11267.7	9651.8	872
黑　河	36	47530.1	34838.7	1899
绥　化	38	142427.9	38344.6	2066
大兴安岭	27	11802.2	15473.4	561

注：不含铁路运输业。

5-3　信息传输、软件和信息技术服务业行政事业及非企业法人单位分地区主要指标

地　区	单位数(个)	资产总计(万元)	非企业单位支出(费用)(万元)	从业人员(人)
全　省	**160**	**764867.8**	**149915.6**	**5361**
哈尔滨	32	717870.5	102900.4	2992
齐齐哈尔	22	11475.0	8124.1	368
鸡　西	5	2034.8	2663.9	218
鹤　岗	NA	200.0	20.0	5
双鸭山	13	3343.3	1891.7	130
大　庆	4	4247.7	451.9	20
伊　春	11	5162.5	5344.7	303
佳木斯	14	2043.9	2053.6	214
七台河	5	7675.9	1857.2	108
牡丹江	12	2440.1	1890.8	114
黑　河	8	974.8	1221.6	80
绥　化	12	3069.8	20660.1	684
大兴安岭	19	4329.6	835.7	125

5-4 租赁和商务服务业行政事业及非企业法人单位分地区主要指标

地　区	单位数(个)	资产总计(万元)	非企业单位支出(费用)(万元)	从业人员(人)
全　省	**981**	**1154613.8**	**285590.3**	**9504**
哈尔滨	230	743461.8	87232.4	2207
齐齐哈尔	140	62238.8	19768.5	765
鸡　西	61	8893.0	13610.0	2491
鹤　岗	26	23982.7	6417.4	180
双鸭山	48	4747.7	4734.1	597
大　庆	55	66464.5	60028.8	365
伊　春	54	34403.8	8676.2	310
佳木斯	64	11014.9	11769.1	584
七台河	20	17226.8	12738.1	162
牡丹江	86	146679.2	33344.1	770
黑　河	89	24253.0	16380.4	468
绥　化	55	11007.3	9467.8	444
大兴安岭	53	240.2	1423.5	161

5-5 科学研究和技术服务业行政事业及非企业法人单位分地区主要指标

地　区	单位数(个)	资产总计(万元)	非企业单位支出(费用)(万元)	从业人员(人)
全　省	**1672**	**4969961.9**	**1006207.3**	**32673**
哈尔滨	455	4009895.9	623791.3	18027
齐齐哈尔	222	299503.5	97093.6	2717
鸡　西	61	27258.7	12594.8	782
鹤　岗	35	9977.8	6032.1	443
双鸭山	90	51555.0	17142.7	1032
大　庆	67	58844.5	27157.6	751
伊　春	54	73020.8	13687.5	740
佳木斯	113	59451.3	30656.2	1496
七台河	37	38903.2	23965.6	692
牡丹江	126	134189.1	57260.9	1867
黑　河	140	87098.3	31671.1	844
绥　化	163	86473.4	47655.6	2061
大兴安岭	109	33790.5	17498.3	1221

5-6　水利、环境和公共设施管理业行政事业及非企业法人单位分地区主要指标

地　区	单位数(个)	资产总计(万元)	非企业单位支出(费用)(万元)	从业人员(人)
全　省	**1065**	**1696983.1**	**671879.5**	**47824**
哈尔滨	233	359891.4	160869.3	12792
齐齐哈尔	181	208564.8	117011.7	7092
鸡　西	81	167453.6	49335.3	3519
鹤　岗	27	35075.3	14839.8	1075
双鸭山	65	65905.7	35915.7	2646
大　庆	39	233135.5	40487.6	1377
伊　春	55	75210.4	29711.6	3843
佳木斯	83	110328.0	56411.3	3838
七台河	29	65135.6	29811.9	1008
牡丹江	89	138314.4	48151.4	2694
黑　河	51	50900.0	24833.8	1792
绥　化	90	114405.5	35990.6	4421
大兴安岭	42	72663.1	28509.5	1727

5-7　居民服务、修理和其他服务业行政事业及非企业法人单位分地区主要指标

地　区	单位数(个)	资产总计(万元)	非企业单位支出(费用)(万元)	从业人员(人)
全　省	**282**	**194605.5**	**97021.6**	**4533**
哈尔滨	83	72835.6	45335.0	1923
齐齐哈尔	46	7104.1	4611.0	356
鸡　西	8	2155.8	2026.3	71
鹤　岗	5	3094.1	1023.2	91
双鸭山	14	9292.5	3342.2	193
大　庆	19	2660.9	507.9	113
伊　春	9	6048.1	2001.9	90
佳木斯	18	8049.3	3225.0	240
七台河	7	15809.2	5336.2	219
牡丹江	32	36688.8	19314.5	655
黑　河	16	10646.1	2567.3	137
绥　化	17	20125.0	6356.9	421
大兴安岭	8	96.3	1374.3	24

5-8　教育行政事业及非企业法人单位分地区主要指标

地　区	单位数(个)	资产总计(万元)	非企业单位支出(费用)(万元)	从业人员(人)
全　省	**7535**	**15441267.0**	**7409279.8**	**400017**
哈尔滨	2372	8465611.6	3504309.3	140657
齐齐哈尔	933	1153354.0	684403.0	43707
鸡　西	328	367049.9	277903.8	16310
鹤　岗	218	306932.0	167198.8	10804
双鸭山	263	298072.2	199160.7	14498
大　庆	679	1262554.6	605086.0	37158
伊　春	218	323673.4	141883.6	10804
佳木斯	494	814526.3	415126.1	26506
七台河	124	474175.3	110485.6	6300
牡丹江	719	814427.6	453610.2	29974
黑　河	394	391296.1	279635.0	18068
绥　化	626	644163.7	481219.4	39053
大兴安岭	167	125430.4	89258.3	6178

5-9　卫生和社会工作行政事业及非企业法人单位分地区主要指标

地　区	单位数(个)	资产总计(万元)	非企业单位支出(费用)(万元)	从业人员(人)
全　省	**3948**	**10154830.6**	**6647956.2**	**216203**
哈尔滨	892	3911142.7	3134477.5	67652
齐齐哈尔	569	1167832.4	739402.8	29505
鸡　西	197	327619.8	182472.4	8347
鹤　岗	119	151433.5	107333.9	6829
双鸭山	206	405479.8	175615.4	8268
大　庆	251	447639.6	357750.6	12709
伊　春	159	197585.0	234339.9	7896
佳木斯	317	1038708.4	427941.0	16852
七台河	84	311196.4	98401.7	4977
牡丹江	378	740025.0	497180.2	20062
黑　河	227	337938.3	257464.6	10191
绥　化	427	914814.5	366692.9	19345
大兴安岭	122	203415.2	68883.4	3570

5-10　文化、体育和娱乐业行政事业及非企业法人单位分地区主要指标

地　区	单位数(个)	资产总计(万元)	非企业单位支出(费用)(万元)	从业人员(人)
全　省	**1339**	**2025025.9**	**355368.5**	**20445**
哈尔滨	331	661218.4	187588.0	7301
齐齐哈尔	180	99229.2	25924.7	1959
鸡　西	46	48385.3	11158.5	1134
鹤　岗	31	1012443.6	6775.3	912
双鸭山	66	17200.7	12709.7	1002
大　庆	64	15100.0	13292.3	845
伊　春	62	19756.3	18074.4	979
佳木斯	76	24167.7	14137.0	1456
七台河	20	9351.0	4436.4	396
牡丹江	127	38470.2	17473.8	1369
黑　河	106	24361.3	19165.6	1072
绥　化	143	31233.3	14696.2	1269
大兴安岭	87	24108.9	9936.6	751

5-11　公共管理、社会保障和社会组织行政事业及非企业法人单位分地区主要指标

地　区	单位数(个)	资产总计(万元)	非企业单位支出(费用)(万元)	从业人员(人)
全　省	**32716**	**50778085.8**	**19331481.4**	**592860**
哈尔滨	**7048**	**27357591.3**	**5833462.6**	**146702**
齐齐哈尔	3941	3448258.5	1832539.9	64593
鸡　西	1668	1677564.8	784202.0	33462
鹤　岗	1155	729410.2	412903.8	18948
双鸭山	1935	965955.7	704855.5	36692
大　庆	1848	4068302.1	1341800.8	37987
伊　春	1575	876663.2	586113.4	28423
佳木斯	2742	1897972.3	1381852.5	45325
七台河	872	1940627.6	498658.4	15798
牡丹江	3046	2955162.6	1609842.0	46214
黑　河	2090	1343104.6	2164092.8	40338
绥　化	3538	2528735.6	1843436.3	62189
大兴安岭	1258	988737.3	337721.5	16189

第6篇

企业信息化和电子商务交易情况篇

6-1 分行业企业使用计算机情况

行业	企业数(个)	使用计算机的企业		期末在用计算机数(台)	每百人拥有计算机数(台)
		数量(个)	比重(%)		
总 计	**9867**	**9816**	**99.5**	**575864**	**34.6**
采矿业	**190**	**189**	**99.5**	**79638**	**28.1**
煤炭开采和洗选业	127	126	99.2	15569	11.0
石油和天然气开采业	2	2	100.0	37737	34.7
黑色金属矿采选业	5	5	100.0	122	10.9
有色金属矿采选业	11	11	100.0	789	27.0
非金属矿采选业	29	29	100.0	320	10.5
开采专业及辅助性活动	16	16	100.0	25101	94.9
其他采矿业					
制造业	**2569**	**2557**	**99.5**	**128125**	**30.2**
农副食品加工业	903	897	99.3	13360	19.9
食品制造业	121	120	99.2	6802	25.7
酒、饮料和精制茶制造业	104	103	99.0	4291	26.4
烟草制品业	2	2	100.0	1161	24.2
纺织业	27	27	100.0	481	7.8
纺织服装、服饰业	8	8	100.0	94	7.8
皮革、毛皮、羽毛及其制品和制鞋业	54	54	100.0	99	4.7
木材加工和木、竹、藤、棕、草制品业	89	89	100.0	968	15.9
家具制造业	31	31	100.0	1160	14.8
造纸和纸制品业	38	38	100.0	792	14.3
印刷和记录媒介复制业	29	29	100.0	1043	34.8
文教、工美、体育和娱乐用品制造业	11	11	100.0	197	14.5
石油、煤炭及其他燃料加工业	42	42	100.0	14984	36.4
化学原料和化学制品制造业	155	155	100.0	6636	24.4
医药制造业	103	103	100.0	14666	37.7
化学纤维制造业	2	2	100.0	18	10.6
橡胶和塑料制品业	64	64	100.0	1940	22.5
非金属矿物制品业	247	244	98.8	4723	20.1
黑色金属冶炼和压延加工业	11	11	100.0	2713	18.8
有色金属冶炼和压延加工业	11	11	100.0	493	12.5
金属制品业	72	72	100.0	2468	31.0
通用设备制造业	126	126	100.0	13501	46.6
专用设备制造业	133	133	100.0	11118	44.3

6-1　续表 1

行　　业	企业数（个）	使用计算机的企业		期末在用计算机数（台）	每百人拥有计算机数（台）
		数量（个）	比重（%）		
汽车制造业	33	32	97.0	3633	26.6
铁路、船舶、航空航天和其他运输设备制造业	33	33	100.0	6739	46.2
电气机械和器材制造业	63	63	100.0	9219	51.7
计算机、通信和其他电子设备制造业	15	15	100.0	1708	51.0
仪器仪表制造业	26	26	100.0	2827	49.9
其他制造业	4	4	100.0	128	39.0
废弃资源综合利用业	8	8	100.0	107	15.4
金属制品、机械和设备修理业	4	4	100.0	56	19.6
电力、热力、燃气及水生产和供应业	**427**	**427**	**100.0**	**68131**	**53.7**
电力、热力生产和供应业	367	367	100.0	62779	58.6
燃气生产和供应业	35	35	100.0	2994	42.2
水的生产和供应业	25	25	100.0	2358	18.8
建筑业	**2038**	**2025**	**99.4**	**33855**	**14.2**
房屋建筑业	1019	1011	99.2	11569	10.2
土木工程建筑业	453	451	99.6	15382	15.5
建筑安装业	308	305	99.0	4013	22.3
建筑装饰、装修和其他建筑业	258	258	100.0	2891	33.9
批发和零售业	**1650**	**1641**	**99.5**	**51995**	**41.6**
批发业	554	552	99.6	18721	52.4
零售业	1096	1089	99.4	33274	37.3
交通运输、仓储和邮政业	**385**	**385**	**100.0**	**58133**	**25.5**
铁路运输业	4	4	100.0	34840	23.3
道路运输业	171	171	100.0	4849	16.2
水上运输业	4	4	100.0	90	19.0
航空运输业	9	9	100.0	3035	46.9
管道运输业					
多式联运和运输代理业	9	9	100.0	359	58.6
装卸搬运和仓储业	168	168	100.0	3876	28.7
邮政业	20	20	100.0	11084	41.3
住宿和餐饮业	**269**	**266**	**98.9**	**5821**	**28.8**
住宿业	190	189	99.5	4997	31.9
餐饮业	79	77	97.5	824	18.1

6-1 续表 2

行业	企业数(个)	使用计算机的企业		期末在用计算机数(台)	每百人拥有计算机数(台)
		数量(个)	比重(%)		
信息传输、软件和信息技术服务业	**124**	**124**	**100.0**	**57134**	**99.9**
电信、广播电视和卫星传输服务	72	72	100.0	47672	92.4
互联网和相关服务	10	10	100.0	942	116.3
软件和信息技术服务业	42	42	100.0	8520	177.8
房地产业	**1732**	**1719**	**99.2**	**19030**	**34.8**
房地产业	1732	1719	99.2	19030	34.8
租赁和商务服务业	**181**	**181**	**100.0**	**42747**	**79.2**
租赁业	2	2	100.0	23	14.5
商务服务业	179	179	100.0	42724	79.4
科学研究和技术服务业	**79**	**79**	**100.0**	**9195**	**94.9**
研究和试验发展	2	2	100.0	52	28.4
专业技术服务业	71	71	100.0	8717	96.1
科技推广和应用服务业	6	6	100.0	426	98.4
水利、环境和公共设施管理业	**22**	**22**	**100.0**	**471**	**9.8**
水利管理业	1	1	100.0	6	1.2
生态保护和环境治理业	3	3	100.0	125	42.5
公共设施管理业	18	18	100.0	340	8.5
土地管理业					
居民服务、修理和其他服务业	**37**	**37**	**100.0**	**654**	**14.5**
居民服务业	23	23	100.0	398	28.8
机动车、电子产品和日用产品修理业	8	8	100.0	110	41.4
其他服务业	6	6	100.0	146	5.1
教育	**15**	**15**	**100.0**	**1357**	**77.5**
教育	15	15	100.0	1357	77.5
卫生和社会工作	**91**	**91**	**100.0**	**14921**	**64.6**
卫生	89	89	100.0	14871	65.0
社会工作	2	2	100.0	50	22.2
文化、体育和娱乐业	**58**	**58**	**100.0**	**4657**	**58.7**
新闻和出版业	11	11	100.0	2158	79.7
广播、电视、电影和录音制作业	20	20	100.0	1280	73.3
文化艺术业	5	5	100.0	202	48.9
体育	3	3	100.0	40	29.6
娱乐业	19	19	100.0	977	33.3

6-2　分地区企业使用计算机情况

地　区	企业数(个)	使用计算机的企业		期末在用计算机数(台)	每百人拥有计算机数(台)
		数量(个)	比重(%)		
全　省	**9867**	**9816**	**99.5**	**575864**	**34.6**
哈尔滨	3962	3938	99.4	287860	41.4
齐齐哈尔	857	854	99.6	37669	33.0
鸡　西	507	506	99.8	16462	21.6
鹤　岗	310	307	99.0	14081	20.9
双鸭山	349	344	98.6	12237	20.2
大　庆	1042	1040	99.8	118798	38.9
伊　春	231	231	100.0	6450	25.3
佳木斯	510	510	100.0	16690	25.1
七台河	193	189	97.9	11498	19.6
牡丹江	812	809	99.6	21326	29.4
黑　河	342	342	100.0	9546	31.9
绥　化	663	657	99.1	18798	22.8
大兴安岭	89	89	100.0	4449	44.6

6-3 分行业企业

行业	企业数(个)	使用信息化管理的企业		财务管理		购销存管理	
		数量(个)	比重(%)	数量(个)	占使用信息化管理企业比重(%)	数量(个)	占使用信息化管理企业比重(%)
总 计	**9867**	**9474**	**96.0**	**8157**	**86.1**	**3377**	**35.6**
采矿业	**190**	**185**	**97.4**	**165**	**89.2**	**78**	**42.2**
煤炭开采和洗选业	127	122	96.1	108	88.5	50	41.0
石油和天然气开采业	2	2	100.0	2	100.0	1	50.0
黑色金属矿采选业	5	5	100.0	4	80.0	4	80.0
有色金属矿采选业	11	11	100.0	10	90.9	7	63.6
非金属矿采选业	29	29	100.0	26	89.7	11	37.9
开采专业及辅助性活动	16	16	100.0	15	93.8	5	31.3
其他采矿业							
制造业	**2569**	**2456**	**95.6**	**2252**	**91.7**	**1261**	**51.3**
农副食品加工业	903	859	95.1	788	91.7	415	48.3
食品制造业	121	119	98.3	110	92.4	85	71.4
酒、饮料和精制茶制造业	104	101	97.1	89	88.1	63	62.4
烟草制品业	2	2	100.0	2	100.0	2	100.0
纺织业	27	23	85.2	23	100.0	12	52.2
纺织服装、服饰业	8	7	87.5	5	71.4	2	28.6
皮革、毛皮、羽毛及其制品和制鞋业	54	40	74.1	38	95.0		
木材加工和木、竹、藤、棕、草制品业	89	83	93.3	77	92.8	34	41.0
家具制造业	31	30	96.8	27	90.0	16	53.3
造纸和纸制品业	38	37	97.4	33	89.2	18	48.6
印刷和记录媒介复制业	29	29	100.0	27	93.1	14	48.3
文教、工美、体育和娱乐用品制造业	11	11	100.0	9	81.8	2	18.2
石油、煤炭及其他燃料加工业	42	42	100.0	40	95.2	19	45.2
化学原料和化学制品制造业	155	152	98.1	136	89.5	72	47.4
医药制造业	103	103	100.0	98	95.1	75	72.8
化学纤维制造业	2	2	100.0	2	100.0	2	100.0
橡胶和塑料制品业	64	61	95.3	57	93.4	27	44.3
非金属矿物制品业	247	232	93.9	207	89.2	103	44.4
黑色金属冶炼和压延加工业	11	11	100.0	10	90.9	7	63.6
有色金属冶炼和压延加工业	11	11	100.0	10	90.9	6	54.5
金属制品业	72	66	91.7	61	92.4	37	56.1
通用设备制造业	126	125	99.2	115	92.0	62	49.6
专用设备制造业	133	128	96.2	119	93.0	72	56.3

信息化管理情况

生产制造管理		物流配送管理		客户关系管理		人力资源管理		其他	
数量（个）	占使用信息化管理企业比重（%）	数量（个）	占使用信息化管理企业比重（%）	数量（个）	占使用信息化管理企业比重（%）	数量（个）	占使用信息化管理企业比重（%）	数量（个）	占使用信息化管理企业比重（%）
1291	**13.6**	**612**	**6.5**	**1830**	**19.3**	**2784**	**29.4**	**1850**	**19.5**
42	**22.7**	**11**	**5.9**	**20**	**10.8**	**61**	**33.0**	**28**	**15.1**
26	21.3	7	5.7	8	6.6	37	30.3	19	15.6
2	100.0	1	50.0	1	50.0	2	100.0		
1	20.0					2	40.0		
4	36.4			4	36.4	5	45.5	2	18.2
6	20.7	3	10.3	5	17.2	6	20.7	5	17.2
3	18.8			2	12.5	9	56.3	2	12.5
805	**32.8**	**293**	**11.9**	**575**	**23.4**	**653**	**26.6**	**296**	**12.1**
208	24.2	91	10.6	210	24.4	174	20.3	107	12.5
58	48.7	27	22.7	27	22.7	40	33.6	11	9.2
41	40.6	16	15.8	31	30.7	33	32.7	8	7.9
1	50.0	1	50.0			1	50.0		
9	39.1	2	8.7	4	17.4	9	39.1	1	4.3
1	14.3			1	14.3	2	28.6	4	57.1
10	25.0			5	12.5	1	2.5	5	12.5
18	21.7	1	1.2	14	16.9	10	12.0	8	9.6
9	30.0	6	20.0	10	33.3	9	30.0	3	10.0
14	37.8	6	16.2	11	29.7	10	27.0	7	18.9
12	41.4	4	13.8	7	24.1	6	20.7	3	10.3
6	54.5	3	27.3	2	18.2	2	18.2		
14	33.3	6	14.3	12	28.6	20	47.6	7	16.7
53	34.9	19	12.5	34	22.4	42	27.6	10	6.6
52	50.5	22	21.4	23	22.3	33	32.0	9	8.7
1	50.0	1	50.0	2	100.0	2	100.0		
16	26.2	5	8.2	12	19.7	11	18.0	11	18.0
82	35.3	19	8.2	47	20.3	63	27.2	41	17.7
3	27.3	2	18.2	2	18.2	6	54.5		
4	36.4	1	9.1	3	27.3	3	27.3	1	9.1
19	28.8	4	6.1	12	18.2	17	25.8	7	10.6
47	37.6	14	11.2	37	29.6	47	37.6	23	18.4
45	35.2	12	9.4	31	24.2	42	32.8	16	12.5

6-3 续表 1

行业	企业数(个)	使用信息化管理的企业		财务管理		购销存管理	
		数量(个)	比重(%)	数量(个)	占使用信息化管理企业比重(%)	数量(个)	占使用信息化管理企业比重(%)
汽车制造业	33	32	97.0	27	84.4	22	68.8
铁路、船舶、航空航天和其他运输设备制造业	33	32	97.0	30	93.8	17	53.1
电气机械和器材制造业	63	63	100.0	59	93.7	39	61.9
计算机、通信和其他电子设备制造业	15	15	100.0	15	100.0	13	86.7
仪器仪表制造业	26	26	100.0	24	92.3	18	69.2
其他制造业	4	4	100.0	4	100.0	2	50.0
废弃资源综合利用业	8	6	75.0	6	100.0	5	83.3
金属制品、机械和设备修理业	4	4	100.0	4	100.0		
电力、热力、燃气及水生产和供应业	**427**	**424**	**99.3**	**390**	**92.0**	**180**	**42.5**
电力、热力生产和供应业	367	364	99.2	332	91.2	145	39.8
燃气生产和供应业	35	35	100.0	33	94.3	21	60.0
水的生产和供应业	25	25	100.0	25	100.0	14	56.0
建筑业	**2038**	**1956**	**96.0**	**1613**	**82.5**	**256**	**13.1**
房屋建筑业	1019	984	96.6	798	81.1	103	10.5
土木工程建筑业	453	430	94.9	371	86.3	68	15.8
建筑安装业	308	299	97.1	240	80.3	52	17.4
建筑装饰、装修和其他建筑业	258	243	94.2	204	84.0	33	13.6
批发和零售业	**1650**	**1578**	**95.6**	**1313**	**83.2**	**884**	**56.0**
批发业	554	528	95.3	462	87.5	281	53.2
零售业	1096	1050	95.8	851	81.0	603	57.4
交通运输、仓储和邮政业	**385**	**379**	**98.4**	**319**	**84.2**	**144**	**38.0**
铁路运输业	4	4	100.0	4	100.0		
道路运输业	171	170	99.4	126	74.1	26	15.3
水上运输业	4	4	100.0	4	100.0	1	25.0
航空运输业	9	9	100.0	9	100.0	4	44.4
管道运输业							
多式联运和运输代理业	9	9	100.0	7	77.8	2	22.2
装卸搬运和仓储业	168	163	97.0	153	93.9	101	62.0
邮政业	20	20	100.0	16	80.0	10	50.0
住宿和餐饮业	**269**	**255**	**94.8**	**211**	**82.7**	**101**	**39.6**
住宿业	190	180	94.7	155	86.1	77	42.8
餐饮业	79	75	94.9	56	74.7	24	32.0

生产制造管理		物流配送管理		客户关系管理		人力资源管理		其他	
数量（个）	占使用信息化管理企业比重（%）	数量（个）	占使用信息化管理企业比重（%）	数量（个）	占使用信息化管理企业比重（%）	数量（个）	占使用信息化管理企业比重（%）	数量（个）	占使用信息化管理企业比重（%）
17	53.1	12	37.5	9	28.1	11	34.4	2	6.3
14	43.8	3	9.4	4	12.5	10	31.3	2	6.3
31	49.2	6	9.5	12	19.0	27	42.9	5	7.9
5	33.3	4	26.7	3	20.0	5	33.3	1	6.7
10	38.5	5	19.2	5	19.2	12	46.2	4	15.4
2	50.0			2	50.0	2	50.0		
2	33.3	1	16.7	3	50.0	1	16.7		
1	25.0					2	50.0		
151	**35.6**	**12**	**2.8**	**78**	**18.4**	**217**	**51.2**	**64**	**15.1**
134	36.8	10	2.7	62	17.0	188	51.6	57	15.7
9	25.7	2	5.7	11	31.4	15	42.9	6	17.1
8	32.0			5	20.0	14	56.0	1	4.0
118	**6.0**	**28**	**1.4**	**216**	**11.0**	**558**	**28.5**	**532**	**27.2**
56	5.7	11	1.1	95	9.7	277	28.2	278	28.3
31	7.2	7	1.6	45	10.5	134	31.2	113	26.3
18	6.0	6	2.0	44	14.7	89	29.8	80	26.8
13	5.3	4	1.6	32	13.2	58	23.9	61	25.1
53	**3.4**	**175**	**11.1**	**424**	**26.9**	**408**	**25.9**	**254**	**16.1**
22	4.2	74	14.0	125	23.7	129	24.4	67	12.7
31	3.0	101	9.6	299	28.5	279	26.6	187	17.8
30	**7.9**	**47**	**12.4**	**63**	**16.6**	**126**	**33.2**	**98**	**25.9**
		1	25.0	1	25.0	1	25.0	2	50.0
10	5.9	29	17.1	19	11.2	42	24.7	53	31.2
						3	75.0		
1	11.1			1	11.1	4	44.4	3	33.3
1	11.1	1	11.1	1	11.1	1	11.1	1	11.1
16	9.8	8	4.9	31	19.0	59	36.2	33	20.2
2	10.0	8	40.0	10	50.0	16	80.0	6	30.0
10	**3.9**	**7**	**2.7**	**56**	**22.0**	**79**	**31.0**	**51**	**20.0**
6	3.3	4	2.2	44	24.4	59	32.8	33	18.3
4	5.3	3	4.0	12	16.0	20	26.7	18	24.0

6-3 续表 2

行　业	企业数（个）	使用信息化管理的企业		财务管理		购销存管理	
		数量（个）	比重（%）	数量（个）	占使用信息化管理企业比重（%）	数量（个）	占使用信息化管理企业比重（%）
信息传输、软件和信息技术服务业	**124**	**121**	**97.6**	**111**	**91.7**	**67**	**55.4**
电信、广播电视和卫星传输服务	72	70	97.2	65	92.9	49	70.0
互联网和相关服务	10	10	100.0	9	90.0	2	20.0
软件和信息技术服务业	42	41	97.6	37	90.2	16	39.0
房地产业	**1732**	**1652**	**95.4**	**1374**	**83.2**	**262**	**15.9**
房地产业	1732	1652	95.4	1374	83.2	262	15.9
租赁和商务服务业	**181**	**173**	**95.6**	**148**	**85.5**	**29**	**16.8**
租赁业	2	2	100.0	2	100.0		
商务服务业	179	171	95.5	146	85.4	29	17.0
科学研究和技术服务业	**79**	**78**	**98.7**	**69**	**88.5**	**13**	**16.7**
研究和试验发展	2	2	100.0	2	100.0		
专业技术服务业	71	70	98.6	62	88.6	12	17.1
科技推广和应用服务业	6	6	100.0	5	83.3	1	16.7
水利、环境和公共设施管理业	**22**	**22**	**100.0**	**19**	**86.4**	**7**	**31.8**
水利管理业	1	1	100.0	1	100.0		
生态保护和环境治理业	3	3	100.0	3	100.0	2	66.7
公共设施管理业	18	18	100.0	15	83.3	5	27.8
土地管理业							
居民服务、修理和其他服务业	**37**	**35**	**94.6**	**32**	**91.4**	**17**	**48.6**
居民服务业	23	22	95.7	21	95.5	11	50.0
机动车、电子产品和日用产品修理业	8	7	87.5	6	85.7	3	42.9
其他服务业	6	6	100.0	5	83.3	3	50.0
教育	**15**	**15**	**100.0**	**12**	**80.0**		
教育	15	15	100.0	12	80.0		
卫生和社会工作	**91**	**88**	**96.7**	**75**	**85.2**	**52**	**59.1**
卫生	89	86	96.6	74	86.0	51	59.3
社会工作	2	2	100.0	1	50.0	1	50.0
文化、体育和娱乐业	**58**	**57**	**98.3**	**54**	**94.7**	**26**	**45.6**
新闻和出版业	11	11	100.0	11	100.0	4	36.4
广播、电视、电影和录音制作业	20	19	95.0	19	100.0	9	47.4
文化艺术业	5	5	100.0	5	100.0	1	20.0
体育	3	3	100.0	3	100.0	2	66.7
娱乐业	19	19	100.0	16	84.2	10	52.6

生产制造管理		物流配送管理		客户关系管理		人力资源管理		其他	
数量（个）	占使用信息化管理企业比重（%）	数量（个）	占使用信息化管理企业比重（%）	数量（个）	占使用信息化管理企业比重（%）	数量（个）	占使用信息化管理企业比重（%）	数量（个）	占使用信息化管理企业比重（%）
14	**11.6**	**13**	**10.7**	**46**	**38.0**	**77**	**63.6**	**25**	**20.7**
9	12.9	10	14.3	32	45.7	56	80.0	15	21.4
		1	10.0	2	20.0	2	20.0	2	20.0
5	12.2	2	4.9	12	29.3	19	46.3	8	19.5
43	**2.6**	**13**	**0.8**	**260**	**15.7**	**407**	**24.6**	**373**	**22.6**
43	2.6	13	0.8	260	15.7	407	24.6	373	22.6
1	**0.6**	**4**	**2.3**	**32**	**18.5**	**78**	**45.1**	**52**	**30.1**
1	0.6	4	2.3	32	18.7	78	45.6	52	30.4
9	**11.5**	**1**	**1.3**	**13**	**16.7**	**34**	**43.6**	**28**	**35.9**
						1	50.0		
9	12.9	1	1.4	12	17.1	32	45.7	28	40.0
				1	16.7	1	16.7		
3	**13.6**			**3**	**13.6**	**9**	**40.9**	**3**	**13.6**
2	66.7			1	33.3	2	66.7		
1	5.6			2	11.1	7	38.9	3	16.7
2	**5.7**			**12**	**34.3**	**11**	**31.4**	**3**	**8.6**
1	4.5			8	36.4	6	27.3	2	9.1
				2	28.6	2	28.6		
1	16.7			2	33.3	3	50.0	1	16.7
				2	**13.3**	**5**	**33.3**	**5**	**33.3**
				2	13.3	5	33.3	5	33.3
6	**6.8**	**6**	**6.8**	**18**	**20.5**	**39**	**44.3**	**25**	**28.4**
6	7.0	6	7.0	18	20.9	38	44.2	24	27.9
						1	50.0	1	50.0
4	**7.0**	**2**	**3.5**	**12**	**21.1**	**22**	**38.6**	**13**	**22.8**
4	36.4	1	9.1	2	18.2	1	9.1	1	9.1
		1	5.3	3	15.8	10	52.6	5	26.3
				1	20.0	2	40.0	1	20.0
				1	33.3	1	33.3		
				5	26.3	8	42.1	6	31.6

6-4 分地区企业

地区	企业数(个)	使用信息化管理的企业		财务管理		购销存管理		生产制造管理	
		数量(个)	比重(%)	数量(个)	占使用信息化管理企业比重(%)	数量(个)	占使用信息化管理企业比重(%)	数量(个)	占使用信息化管理企业比重(%)
全　省	**9867**	**9474**	**96.0**	**8157**	**86.1**	**3377**	**35.6**	**1291**	**13.6**
哈尔滨	3962	3824	96.5	3359	87.8	1353	35.4	486	12.7
齐齐哈尔	857	812	94.7	693	85.3	319	39.3	125	15.4
鸡　西	507	491	96.8	414	84.3	158	32.2	70	14.3
鹤　岗	310	298	96.1	246	82.6	95	31.9	30	10.1
双鸭山	349	327	93.7	268	82.0	109	33.3	40	12.2
大　庆	1042	1003	96.3	886	88.3	368	36.7	160	16.0
伊　春	231	224	97.0	177	79.0	68	30.4	31	13.8
佳木斯	510	489	95.9	431	88.1	191	39.1	73	14.9
七台河	193	186	96.4	176	94.6	75	40.3	31	16.7
牡丹江	812	776	95.6	659	84.9	253	32.6	93	12.0
黑　河	342	329	96.2	281	85.4	120	36.5	40	12.2
绥　化	663	629	94.9	489	77.7	233	37.0	104	16.5
大兴安岭	89	86	96.6	78	90.7	35	40.7	8	9.3

信息化管理情况

物流配送管理		客户关系管理		人力资源管理		其他	
数量(个)	占使用信息化管理企业比重(%)	数量(个)	占使用信息化管理企业比重(%)	数量(个)	占使用信息化管理企业比重(%)	数量(个)	占使用信息化管理企业比重(%)
612	**6.5**	**1830**	**19.3**	**2784**	**29.4**	**1850**	**19.5**
266	7.0	769	20.1	1234	32.3	734	19.2
58	7.1	175	21.6	241	29.7	141	17.4
28	5.7	72	14.7	122	24.8	126	25.7
17	5.7	44	14.8	82	27.5	67	22.5
21	6.4	43	13.1	89	27.2	88	26.9
60	6.0	207	20.6	307	30.6	165	16.5
10	4.5	43	19.2	57	25.4	47	21.0
29	5.9	99	20.2	146	29.9	91	18.6
10	5.4	28	15.1	60	32.3	22	11.8
41	5.3	147	18.9	178	22.9	161	20.7
21	6.4	67	20.4	94	28.6	65	19.8
47	7.5	117	18.6	139	22.1	127	20.2
4	4.7	19	22.1	35	40.7	16	18.6

6-5 分行业企业

行　业	企业数(个)	使用局域网的企业	
		数量(个)	比重(%)
总　计	**9867**	**6618**	**67.1**
采矿业	**190**	**138**	**72.6**
煤炭开采和洗选业	127	88	69.3
石油和天然气开采业	2	2	100.0
黑色金属矿采选业	5	4	80.0
有色金属矿采选业	11	7	63.6
非金属矿采选业	29	24	82.8
开采专业及辅助性活动	16	13	81.3
其他采矿业			
制造业	**2569**	**1851**	**72.1**
农副食品加工业	903	578	64.0
食品制造业	121	101	83.5
酒、饮料和精制茶制造业	104	76	73.1
烟草制品业	2	1	50.0
纺织业	27	20	74.1
纺织服装、服饰业	8	4	50.0
皮革、毛皮、羽毛及其制品和制鞋业	54	29	53.7
木材加工和木、竹、藤、棕、草制品业	89	45	50.6
家具制造业	31	26	83.9
造纸和纸制品业	38	30	78.9
印刷和记录媒介复制业	29	23	79.3
文教、工美、体育和娱乐用品制造业	11	10	90.9
石油、煤炭及其他燃料加工业	42	33	78.6
化学原料和化学制品制造业	155	120	77.4
医药制造业	103	93	90.3
化学纤维制造业	2	2	100.0
橡胶和塑料制品业	64	45	70.3
非金属矿物制品业	247	167	67.6
黑色金属冶炼和压延加工业	11	11	100.0
有色金属冶炼和压延加工业	11	9	81.8
金属制品业	72	53	73.6
通用设备制造业	126	102	81.0
专用设备制造业	133	111	83.5

使用网络情况

使用互联网的企业		窄带接入		宽带接入	
数量（个）	比重（%）	数量（个）	占接入互联网企业比重（%）	数量（个）	占接入互联网企业比重（%）
9773	**99.0**	**397**	**4.1**	**9702**	**99.3**
189	**99.5**	**6**	**3.2**	**189**	**100.0**
126	99.2	4	3.2	126	100.0
2	100.0			2	100.0
5	100.0			5	100.0
11	100.0			11	100.0
29	100.0			29	100.0
16	100.0	2	12.5	16	100.0
2532	**98.6**	**108**	**4.3**	**2512**	**99.2**
893	98.9	35	3.9	887	99.3
120	99.2	7	5.8	119	99.2
103	99.0	6	5.8	103	100.0
2	100.0			2	100.0
26	96.3	2	7.7	25	96.2
8	100.0			8	100.0
38	70.4			38	100.0
89	100.0	5	5.6	87	97.8
31	100.0	1	3.2	31	100.0
38	100.0	1	2.6	37	97.4
29	100.0			29	100.0
11	100.0	1	9.1	11	100.0
42	100.0	1	2.4	41	97.6
154	99.4	6	3.9	153	99.4
103	100.0	6	5.8	102	99.0
2	100.0			2	100.0
64	100.0	3	4.7	64	100.0
242	98.0	9	3.7	240	99.2
11	100.0			11	100.0
11	100.0	1	9.1	11	100.0
71	98.6	1	1.4	71	100.0
126	100.0	6	4.8	125	99.2
133	100.0	6	4.5	132	99.2

6-5 续表 1

行业	企业数(个)	使用局域网的企业	
		数量(个)	比重(%)
汽车制造业	33	27	81.8
铁路、船舶、航空航天和其他运输设备制造业	33	30	90.9
电气机械和器材制造业	63	56	88.9
计算机、通信和其他电子设备制造业	15	13	86.7
仪器仪表制造业	26	24	92.3
其他制造业	4	4	100.0
废弃资源综合利用业	8	5	62.5
金属制品、机械和设备修理业	4	3	75.0
电力、热力、燃气及水生产和供应业	**427**	**359**	**84.1**
电力、热力生产和供应业	367	310	84.5
燃气生产和供应业	35	29	82.9
水的生产和供应业	25	20	80.0
建筑业	**2038**	**1126**	**55.3**
房屋建筑业	1019	513	50.3
土木工程建筑业	453	261	57.6
建筑安装业	308	193	62.7
建筑装饰、装修和其他建筑业	258	159	61.6
批发和零售业	**1650**	**1142**	**69.2**
批发业	554	379	68.4
零售业	1096	763	69.6
交通运输、仓储和邮政业	**385**	**317**	**82.3**
铁路运输业	4	4	100.0
道路运输业	171	132	77.2
水上运输业	4	4	100.0
航空运输业	9	7	77.8
管道运输业			
多式联运和运输代理业	9	7	77.8
装卸搬运和仓储业	168	145	86.3
邮政业	20	18	90.0
住宿和餐饮业	**269**	**216**	**80.3**
住宿业	190	168	88.4
餐饮业	79	48	60.8

使用互联网的企业		窄带接入		宽带接入	
数量(个)	比重(%)	数量(个)	占接入互联网企业比重(%)	数量(个)	占接入互联网企业比重(%)
32	97.0	2	6.3	32	100.0
33	100.0			33	100.0
63	100.0	6	9.5	63	100.0
15	100.0	1	6.7	15	100.0
26	100.0	1	3.8	25	96.2
4	100.0			4	100.0
8	100.0	1	12.5	7	87.5
4	100.0			4	100.0
425	**99.5**	**14**	**3.3**	**420**	**98.8**
365	99.5	12	3.3	360	98.6
35	100.0			35	100.0
25	100.0	2	8.0	25	100.0
2014	**98.8**	**85**	**4.2**	**2001**	**99.4**
1005	98.6	38	3.8	1000	99.5
447	98.7	23	5.1	441	98.7
305	99.0	14	4.6	303	99.3
257	99.6	10	3.9	257	100.0
1639	**99.3**	**63**	**3.8**	**1623**	**99.0**
551	99.5	18	3.3	544	98.7
1088	99.3	45	4.1	1079	99.2
385	**100.0**	**17**	**4.4**	**385**	**100.0**
4	100.0	1	25.0	4	100.0
171	100.0	9	5.3	171	100.0
4	100.0			4	100.0
9	100.0	1	11.1	9	100.0
9	100.0			9	100.0
168	100.0	5	3.0	168	100.0
20	100.0	1	5.0	20	100.0
266	**98.9**	**11**	**4.1**	**264**	**99.2**
189	99.5	9	4.8	187	98.9
77	97.5	2	2.6	77	100.0

6-5 续表 2

行　业	企业数(个)	使用局域网的企业	
		数量(个)	比重(%)
信息传输、软件和信息技术服务业	**124**	**107**	**86.3**
电信、广播电视和卫星传输服务	72	63	87.5
互联网和相关服务	10	8	80.0
软件和信息技术服务业	42	36	85.7
房地产业	**1732**	**970**	**56.0**
房地产业	1732	970	56.0
租赁和商务服务业	**181**	**135**	**74.6**
租赁业	2	1	50.0
商务服务业	179	134	74.9
科学研究和技术服务业	**79**	**71**	**89.9**
研究和试验发展	2	2	100.0
专业技术服务业	71	63	88.7
科技推广和应用服务业	6	6	100.0
水利、环境和公共设施管理业	**22**	**13**	**59.1**
水利管理业	1		
生态保护和环境治理业	3	2	66.7
公共设施管理业	18	11	61.1
土地管理业			
居民服务、修理和其他服务业	**37**	**27**	**73.0**
居民服务业	23	16	69.6
机动车、电子产品和日用产品修理业	8	7	87.5
其他服务业	6	4	66.7
教育	**15**	**13**	**86.7**
教育	15	13	86.7
卫生和社会工作	**91**	**85**	**93.4**
卫生	89	83	93.3
社会工作	2	2	100.0
文化、体育和娱乐业	**58**	**48**	**82.8**
新闻和出版业	11	10	90.9
广播、电视、电影和录音制作业	20	18	90.0
文化艺术业	5	3	60.0
体育	3	3	100.0
娱乐业	19	14	73.7

使用互联网的企业					
		窄带接入		宽带接入	
数量(个)	比重(%)	数量(个)	占接入互联网企业比重(%)	数量(个)	占接入互联网企业比重(%)
124	**100.0**	**9**	**7.3**	**124**	**100.0**
72	100.0	6	8.3	72	100.0
10	100.0			10	100.0
42	100.0	3	7.1	42	100.0
1717	**99.1**	**65**	**3.8**	**1706**	**99.4**
1717	99.1	65	3.8	1706	99.4
181	**100.0**	**7**	**3.9**	**179**	**98.9**
2	100.0			1	50.0
179	100.0	7	3.9	178	99.4
79	**100.0**	**3**	**3.8**	**77**	**97.5**
2	100.0			2	100.0
71	100.0	3	4.2	69	97.2
6	100.0			6	100.0
21	**95.5**			**21**	**100.0**
1	100.0			1	100.0
3	100.0			3	100.0
17	94.4			17	100.0
37	**100.0**			**37**	**100.0**
23	100.0			23	100.0
8	100.0			8	100.0
6	100.0			6	100.0
15	**100.0**	**1**	**6.7**	**15**	**100.0**
15	100.0	1	6.7	15	100.0
91	**100.0**	**8**	**8.8**	**91**	**100.0**
89	100.0	8	9.0	89	100.0
2	100.0			2	100.0
58	**100.0**			**58**	**100.0**
11	100.0			11	100.0
20	100.0			20	100.0
5	100.0			5	100.0
3	100.0			3	100.0
19	100.0			19	100.0

6-6 分地区企业使用网络情况

地 区	企业数(个)	使用局域网的企业		使用互联网的企业					
						窄带接入		宽带接入	
		数量(个)	比重(%)	数量(个)	比重(%)	数量(个)	占接入互联网企业比重(%)	数量(个)	占接入互联网企业比重(%)
全 省	**9867**	**6618**	**67.1**	**9773**	**99.0**	**397**	**4.1**	**9702**	**99.3**
哈尔滨	3962	2877	72.6	3932	99.2	160	4.1	3899	99.2
齐齐哈尔	857	578	67.4	852	99.4	32	3.8	848	99.5
鸡 西	507	288	56.8	503	99.2	30	6.0	500	99.4
鹤 岗	310	207	66.8	307	99.0	8	2.6	307	100.0
双鸭山	349	214	61.3	338	96.8	17	5.0	334	98.8
大 庆	1042	643	61.7	1021	98.0	45	4.4	1016	99.5
伊 春	231	147	63.6	229	99.1	8	3.5	227	99.1
佳木斯	510	357	70.0	509	99.8	18	3.5	505	99.2
七台河	193	133	68.9	191	99.0	13	6.8	186	97.4
牡丹江	812	529	65.1	806	99.3	25	3.1	800	99.3
黑 河	342	228	66.7	342	100.0	13	3.8	341	99.7
绥 化	663	371	56.0	654	98.6	25	3.8	650	99.4
大兴安岭	89	46	51.7	89	100.0	3	3.4	89	100.0

6-7　分行业企业建网站情况

行　业	企业数（个）	建立网站的企业		网站数量（个）	每百家拥有网站数（个）
		数量（个）	比重（%）		
总　计	**9867**	**3864**	**39.2**	**4322**	**44.0**
采矿业	**190**	**79**	**41.6**	**90**	**47.0**
煤炭开采和洗选业	127	43	33.9	52	41.0
石油和天然气开采业	2	2	100.0	2	100.0
黑色金属矿采选业	5	2	40.0	2	40.0
有色金属矿采选业	11	6	54.5	6	55.0
非金属矿采选业	29	17	58.6	18	62.0
开采专业及辅助性活动	16	9	56.3	10	63.0
其他采矿业					
制造业	**2569**	**1434**	**55.8**	**1588**	**62.0**
农副食品加工业	903	439	48.6	479	53.0
食品制造业	121	82	67.8	90	74.0
酒、饮料和精制茶制造业	104	70	67.3	79	76.0
烟草制品业	2				
纺织业	27	9	33.3	11	41.0
纺织服装、服饰业	8	2	25.0	2	25.0
皮革、毛皮、羽毛及其制品和制鞋业	54	12	22.2	12	22.0
木材加工和木、竹、藤、棕、草制品业	89	38	42.7	41	46.0
家具制造业	31	19	61.3	20	65.0
造纸和纸制品业	38	21	55.3	21	55.0
印刷和记录媒介复制业	29	11	37.9	12	41.0
文教、工美、体育和娱乐用品制造业	11	7	63.6	8	73.0
石油、煤炭及其他燃料加工业	42	25	59.5	32	76.0
化学原料和化学制品制造业	155	97	62.6	111	72.0
医药制造业	103	85	82.5	98	95.0
化学纤维制造业	2	2	100.0	2	100.0
橡胶和塑料制品业	64	40	62.5	42	66.0
非金属矿物制品业	247	100	40.5	104	42.0
黑色金属冶炼和压延加工业	11	9	81.8	9	82.0
有色金属冶炼和压延加工业	11	7	63.6	8	73.0
金属制品业	72	46	63.9	47	65.0
通用设备制造业	126	91	72.2	98	78.0
专用设备制造业	133	86	64.7	103	77.0
汽车制造业	33	20	60.6	27	82.0
铁路、船舶、航空航天和其他运输设备制造业	33	22	66.7	23	70.0
电气机械和器材制造业	63	51	81.0	57	90.0
计算机、通信和其他电子设备制造业	15	13	86.7	21	140.0
仪器仪表制造业	26	23	88.5	24	92.0
其他制造业	4	4	100.0	4	100.0
废弃资源综合利用业	8	2	25.0	2	25.0
金属制品、机械和设备修理业	4	1	25.0	1	25.0
电力、热力、燃气及水生产和供应业	**427**	**191**	**44.7**	**208**	**49.0**
电力、热力生产和供应业	367	160	43.6	174	47.0
燃气生产和供应业	35	18	51.4	21	60.0
水的生产和供应业	25	13	52.0	13	52.0
建筑业	**2038**	**501**	**24.6**	**525**	**26.0**
房屋建筑业	1019	197	19.3	208	20.0
土木工程建筑业	453	112	24.7	118	26.0
建筑安装业	308	106	34.4	111	36.0
建筑装饰、装修和其他建筑业	258	86	33.3	88	34.0

6-7 续表

行业	企业数(个)	建立网站的企业		网站数量(个)	每百家拥有网站数(个)
		数量(个)	比重(%)		
批发和零售业	**1650**	**637**	**38.6**	**728**	**44.0**
批发业	554	189	34.1	215	39.0
零售业	1096	448	40.9	513	47.0
交通运输、仓储和邮政业	**385**	**126**	**32.7**	**141**	**37.0**
铁路运输业	4	3	75.0	3	75.0
道路运输业	171	48	28.1	50	29.0
水上运输业	4	2	50.0	2	50.0
航空运输业	9	4	44.4	6	67.0
管道运输业					
多式联运和运输代理业	9	5	55.6	5	56.0
装卸搬运和仓储业	168	54	32.1	65	39.0
邮政业	20	10	50.0	10	50.0
住宿和餐饮业	**269**	**128**	**47.6**	**136**	**51.0**
住宿业	190	92	48.4	96	51.0
餐饮业	79	36	45.6	40	51.0
信息传输、软件和信息技术服务业	**124**	**96**	**77.4**	**167**	**135.0**
电信、广播电视和卫星传输服务	72	51	70.8	67	93.0
互联网和相关服务	10	8	80.0	47	470.0
软件和信息技术服务业	42	37	88.1	53	126.0
房地产业	**1732**	**415**	**24.0**	**454**	**26.0**
房地产业	1732	415	24.0	454	26.0
租赁和商务服务业	**181**	**89**	**49.2**	**100**	**55.0**
租赁业	2				
商务服务业	179	89	49.7	100	56.0
科学研究和技术服务业	**79**	**46**	**58.2**	**47**	**59.0**
研究和试验发展	2				
专业技术服务业	71	43	60.6	44	62.0
科技推广和应用服务业	6	3	50.0	3	50.0
水利、环境和公共设施管理业	**22**	**12**	**54.5**	**12**	**55.0**
水利管理业	1				
生态保护和环境治理业	3	2	66.7	2	67.0
公共设施管理业	18	10	55.6	10	56.0
土地管理业					
居民服务、修理和其他服务业	**37**	**16**	**43.2**	**17**	**46.0**
居民服务业	23	12	52.2	13	57.0
机动车、电子产品和日用产品修理业	8	2	25.0	2	25.0
其他服务业	6	2	33.3	2	33.0
教育	**15**	**10**	**66.7**	**10**	**67.0**
教育	15	10	66.7	10	67.0
卫生和社会工作	**91**	**48**	**52.7**	**50**	**55.0**
卫生	89	48	53.9	50	56.0
社会工作	2				
文化、体育和娱乐业	**58**	**36**	**62.1**	**49**	**84.0**
新闻和出版业	11	8	72.7	16	145.0
广播、电视、电影和录音制作业	20	9	45.0	12	60.0
文化艺术业	5	5	100.0	7	140.0
体育	3	3	100.0	3	100.0
娱乐业	19	11	57.9	11	58.0

6-8　分地区企业建网站情况

地　区	企业数（个）	建立网站的企业		网站数量（个）	每百家拥有网站数（个）
		数量（个）	比重（%）		
全　省	**9867**	**3864**	**39.2**	**4322**	**44.0**
哈尔滨	**3962**	**1787**	**45.1**	**2021**	**51.0**
齐齐哈尔	857	343	40.0	377	44.0
鸡　西	507	135	26.6	140	28.0
鹤　岗	310	124	40.0	132	43.0
双鸭山	349	114	32.7	130	37.0
大　庆	1042	363	34.8	407	39.0
伊　春	231	83	35.9	93	40.0
佳木斯	510	215	42.2	240	47.0
七台河	193	73	37.8	88	46.0
牡丹江	812	261	32.1	286	35.0
黑　河	342	122	35.7	136	40.0
绥　化	663	219	33.0	244	37.0
大兴安岭	89	25	28.1	28	31.0

6-9 分行业企业通过

行业	企业数(个)	使用互联网开展活动的企业			
				收发电子邮件	
		数量(个)	比重(%)	数量(个)	占使用互联网企业的比重(%)
总计	**9867**	**9773**	**99.0**	**8535**	**87.3**
采矿业	**190**	**189**	**99.5**	**173**	**91.5**
煤炭开采和洗选业	127	126	99.2	113	89.7
石油和天然气开采业	2	2	100.0	2	100.0
黑色金属矿采选业	5	5	100.0	5	100.0
有色金属矿采选业	11	11	100.0	10	90.9
非金属矿采选业	29	29	100.0	28	96.6
开采专业及辅助性活动	16	16	100.0	15	93.8
其他采矿业					
制造业	**2569**	**2532**	**98.6**	**2312**	**91.3**
农副食品加工业	903	893	98.9	780	87.3
食品制造业	121	120	99.2	108	90.0
酒、饮料和精制茶制造业	104	103	99.0	95	92.2
烟草制品业	2	2	100.0	1	50.0
纺织业	27	26	96.3	25	96.2
纺织服装、服饰业	8	8	100.0	7	87.5
皮革、毛皮、羽毛及其制品和制鞋业	54	38	70.4	37	97.4
木材加工和木、竹、藤、棕、草制品业	89	89	100.0	82	92.1
家具制造业	31	31	100.0	27	87.1
造纸和纸制品业	38	38	100.0	34	89.5
印刷和记录媒介复制业	29	29	100.0	24	82.8
文教、工美、体育和娱乐用品制造业	11	11	100.0	8	72.7
石油、煤炭及其他燃料加工业	42	42	100.0	40	95.2
化学原料和化学制品制造业	155	154	99.4	139	90.3
医药制造业	103	103	100.0	97	94.2
化学纤维制造业	2	2	100.0	2	100.0
橡胶和塑料制品业	64	64	100.0	61	95.3
非金属矿物制品业	247	242	98.0	225	93.0
黑色金属冶炼和压延加工业	11	11	100.0	11	100.0
有色金属冶炼和压延加工业	11	11	100.0	11	100.0
金属制品业	72	71	98.6	66	93.0
通用设备制造业	126	126	100.0	122	96.8
专用设备制造业	133	133	100.0	128	96.2

互联网开展活动情况

了解商品和服务的信息		从政府机构获取信息		与政府机构互动		使用网上银行	
数量（个）	占使用互联网企业的比重（%）	数量（个）	占使用互联网企业的比重（%）	数量（个）	占使用互联网企业的比重（%）	数量（个）	占使用互联网企业的比重（%）
3816	**39.0**	**3818**	**39.1**	**1634**	**16.7**	**6486**	**66.4**
60	**31.7**	**73**	**38.6**	**37**	**19.6**	**135**	**71.4**
38	30.2	49	38.9	23	18.3	85	67.5
1	50.0	1	50.0	1	50.0	2	100.0
2	40.0	2	40.0	1	20.0	5	100.0
5	45.5	4	36.4	2	18.2	9	81.8
10	34.5	12	41.4	6	20.7	21	72.4
4	25.0	5	31.3	4	25.0	13	81.3
1294	**51.1**	**1162**	**45.9**	**576**	**22.7**	**1971**	**77.8**
442	49.5	351	39.3	171	19.1	671	75.1
66	55.0	55	45.8	27	22.5	103	85.8
50	48.5	58	56.3	30	29.1	76	73.8
1	50.0	2	100.0			2	100.0
10	38.5	8	30.8	4	15.4	19	73.1
3	37.5	5	62.5			4	50.0
1	2.6	1	2.6			24	63.2
34	38.2	33	37.1	12	13.5	63	70.8
18	58.1	14	45.2	9	29.0	24	77.4
15	39.5	16	42.1	7	18.4	32	84.2
11	37.9	12	41.4	6	20.7	20	69.0
8	72.7	6	54.5	1	9.1	10	90.9
17	40.5	16	38.1	9	21.4	34	81.0
83	53.9	78	50.6	38	24.7	110	71.4
64	62.1	64	62.1	34	33.0	91	88.3
2	100.0	2	100.0	2	100.0	2	100.0
28	43.8	27	42.2	12	18.8	55	85.9
111	45.9	111	45.9	63	26.0	181	74.8
9	81.8	10	90.9	3	27.3	11	100.0
8	72.7	8	72.7	6	54.5	10	90.9
41	57.7	30	42.3	10	14.1	59	83.1
74	58.7	84	66.7	38	30.2	106	84.1
81	60.9	66	49.6	33	24.8	109	82.0

6-9 续表 1

行业	企业数(个)	使用互联网开展活动的企业		收发电子邮件	
		数量(个)	比重(%)	数量(个)	占使用互联网企业的比重(%)
汽车制造业	33	32	97.0	32	100.0
铁路、船舶、航空航天和其他运输设备制造业	33	33	100.0	33	100.0
电气机械和器材制造业	63	63	100.0	60	95.2
计算机、通信和其他电子设备制造业	15	15	100.0	15	100.0
仪器仪表制造业	26	26	100.0	26	100.0
其他制造业	4	4	100.0	4	100.0
废弃资源综合利用业	8	8	100.0	8	100.0
金属制品、机械和设备修理业	4	4	100.0	4	100.0
电力、热力、燃气及水生产和供应业	**427**	**425**	**99.5**	**378**	**88.9**
电力、热力生产和供应业	367	365	99.5	330	90.4
燃气生产和供应业	35	35	100.0	28	80.0
水的生产和供应业	25	25	100.0	20	80.0
建筑业	**2038**	**2014**	**98.8**	**1762**	**87.5**
房屋建筑业	1019	1005	98.6	864	86.0
土木工程建筑业	453	447	98.7	404	90.4
建筑安装业	308	305	99.0	268	87.9
建筑装饰、装修和其他建筑业	258	257	99.6	226	87.9
批发和零售业	**1650**	**1639**	**99.3**	**1356**	**82.7**
批发业	554	551	99.5	481	87.3
零售业	1096	1088	99.3	875	80.4
交通运输、仓储和邮政业	**385**	**385**	**100.0**	**322**	**83.6**
铁路运输业	4	4	100.0	4	100.0
道路运输业	171	171	100.0	139	81.3
水上运输业	4	4	100.0	3	75.0
航空运输业	9	9	100.0	9	100.0
管道运输业					
多式联运和运输代理业	9	9	100.0	8	88.9
装卸搬运和仓储业	168	168	100.0	145	86.3
邮政业	20	20	100.0	14	70.0
住宿和餐饮业	**269**	**266**	**98.9**	**206**	**77.4**
住宿业	190	189	99.5	158	83.6
餐饮业	79	77	97.5	48	62.3

了解商品和服务的信息		从政府机构获取信息		与政府机构互动		使用网上银行	
数量（个）	占使用互联网企业的比重（%）	数量（个）	占使用互联网企业的比重（%）	数量（个）	占使用互联网企业的比重（%）	数量（个）	占使用互联网企业的比重（%）
18	56.3	8	25.0	29	90.6	29	90.6
19	57.6	12	36.4	23	69.7	23	69.7
37	58.7	22	34.9	53	84.1	53	84.1
9	60.0	7	46.7	12	80.0	12	80.0
12	46.2	4	15.4	24	92.3	24	92.3
3	75.0	3	75.0	4	100.0	4	100.0
5	62.5	3	37.5	7	87.5	7	87.5
2	50.0	2	50.0	3	75.0	3	75.0
192	**45.2**	**90**	**21.2**	**286**	**67.3**	**286**	**67.3**
164	44.9	68	18.6	240	65.8	240	65.8
17	48.6	12	34.3	28	80.0	28	80.0
11	44.0	10	40.0	18	72.0	18	72.0
830	**41.2**	**272**	**13.5**	**1253**	**62.2**	**1253**	**62.2**
388	38.6	121	12.0	599	59.6	599	59.6
202	45.2	63	14.1	305	68.2	305	68.2
132	43.3	50	16.4	196	64.3	196	64.3
108	42.0	38	14.8	153	59.5	153	59.5
472	**28.8**	**208**	**12.7**	**1060**	**64.7**	**1060**	**64.7**
180	32.7	81	14.7	393	71.3	393	71.3
292	26.8	127	11.7	667	61.3	667	61.3
136	**35.3**	**65**	**16.9**	**263**	**68.3**	**263**	**68.3**
2	50.0	1	25.0	3	75.0	3	75.0
57	33.3	25	14.6	101	59.1	101	59.1
2	50.0			3	75.0	3	75.0
3	33.3	2	22.2	6	66.7	6	66.7
4	44.4	1	11.1	7	77.8	7	77.8
63	37.5	33	19.6	129	76.8	129	76.8
5	25.0	3	15.0	14	70.0	14	70.0
73	**27.4**	**33**	**12.4**	**159**	**59.8**	**159**	**59.8**
57	30.2	26	13.8	123	65.1	123	65.1
16	20.8	7	9.1	36	46.8	36	46.8

6-9 续表 2

行业	企业数（个）	使用互联网开展活动的企业		收发电子邮件	
		数量（个）	比重（%）	数量（个）	占使用互联网企业的比重（%）
信息传输、软件和信息技术服务业	**124**	**124**	**100.0**	**120**	**96.8**
电信、广播电视和卫星传输服务	72	72	100.0	70	97.2
互联网和相关服务	10	10	100.0	10	100.0
软件和信息技术服务业	42	42	100.0	40	95.2
房地产业	**1732**	**1717**	**99.1**	**1489**	**86.7**
房地产业	1732	1717	99.1	1489	86.7
租赁和商务服务业	**181**	**181**	**100.0**	**156**	**86.2**
租赁业	2	2	100.0	1	50.0
商务服务业	179	179	100.0	155	86.6
科学研究和技术服务业	**79**	**79**	**100.0**	**76**	**96.2**
研究和试验发展	2	2	100.0	2	100.0
专业技术服务业	71	71	100.0	68	95.8
科技推广和应用服务业	6	6	100.0	6	100.0
水利、环境和公共设施管理业	**22**	**21**	**95.5**	**17**	**81.0**
水利管理业	1	1	100.0		
生态保护和环境治理业	3	3	100.0	3	100.0
公共设施管理业	18	17	94.4	14	82.4
土地管理业					
居民服务、修理和其他服务业	**37**	**37**	**100.0**	**32**	**86.5**
居民服务业	23	23	100.0	21	91.3
机动车、电子产品和日用产品修理业	8	8	100.0	5	62.5
其他服务业	6	6	100.0	6	100.0
教育	**15**	**15**	**100.0**	**8**	**53.3**
教育	15	15	100.0	8	53.3
卫生和社会工作	**91**	**91**	**100.0**	**77**	**84.6**
卫生	89	89	100.0	76	85.4
社会工作	2	2	100.0	1	50.0
文化、体育和娱乐业	**58**	**58**	**100.0**	**51**	**87.9**
新闻和出版业	11	11	100.0	11	100.0
广播、电视、电影和录音制作业	20	20	100.0	16	80.0
文化艺术业	5	5	100.0	5	100.0
体育	3	3	100.0	2	66.7
娱乐业	19	19	100.0	17	89.5

了解商品和服务的信息		从政府机构获取信息		与政府机构互动		使用网上银行	
数量（个）	占使用互联网企业的比重（%）	数量（个）	占使用互联网企业的比重（%）	数量（个）	占使用互联网企业的比重（%）	数量（个）	占使用互联网企业的比重（%）
59	**47.6**	**31**	**25.0**	**93**	**75.0**	**93**	**75.0**
29	40.3	14	19.4	51	70.8	51	70.8
4	40.0	1	10.0	9	90.0	9	90.0
26	61.9	16	38.1	33	78.6	33	78.6
608	**35.4**	**217**	**12.6**	**924**	**53.8**	**924**	**53.8**
608	35.4	217	12.6	924	53.8	924	53.8
64	**35.4**	**37**	**20.4**	**122**	**67.4**	**122**	**67.4**
64	35.8	37	20.7	122	68.2	122	68.2
51	**64.6**	**24**	**30.4**	**65**	**82.3**	**65**	**82.3**
2	100.0	1	50.0	1	50.0	1	50.0
46	64.8	21	29.6	59	83.1	59	83.1
3	50.0	2	33.3	5	83.3	5	83.3
9	**42.9**	**2**	**9.5**	**14**	**66.7**	**14**	**66.7**
2	66.7			3	100.0	3	100.0
7	41.2	2	11.8	11	64.7	11	64.7
11	**29.7**	**5**	**13.5**	**26**	**70.3**	**26**	**70.3**
9	39.1	3	13.0	17	73.9	17	73.9
1	12.5			5	62.5	5	62.5
1	16.7	2	33.3	4	66.7	4	66.7
5	**33.3**	**5**	**33.3**	**7**	**46.7**	**7**	**46.7**
5	33.3	5	33.3	7	46.7	7	46.7
43	**47.3**	**18**	**19.8**	**66**	**72.5**	**66**	**72.5**
43	48.3	17	19.1	64	71.9	64	71.9
		1	50.0	2	100.0	2	100.0
30	**51.7**	**14**	**24.1**	**42**	**72.4**	**42**	**72.4**
7	63.6	4	36.4	9	81.8	9	81.8
14	70.0	6	30.0	14	70.0	14	70.0
3	60.0	1	20.0	4	80.0	4	80.0
1	33.3			2	66.7	2	66.7
5	26.3	3	15.8	13	68.4	13	68.4

6-9 续表 3

行业	使用其他金融服务		提供客户服务	
	数量(个)	占使用互联网企业的比重(%)	数量(个)	占使用互联网企业的比重(%)
总计	**489**	**5.0**	**2287**	**23.4**
采矿业	**7**	**3.7**	**32**	**16.9**
煤炭开采和洗选业	3	2.4	13	10.3
石油和天然气开采业	1	50.0	1	50.0
黑色金属矿采选业			2	40.0
有色金属矿采选业			5	45.5
非金属矿采选业	3	10.3	8	27.6
开采专业及辅助性活动			3	18.8
其他采矿业				
制造业	**161**	**6.4**	**803**	**31.7**
农副食品加工业	49	5.5	281	31.5
食品制造业	10	8.3	46	38.3
酒、饮料和精制茶制造业	6	5.8	37	35.9
烟草制品业				
纺织业			9	34.6
纺织服装、服饰业			3	37.5
皮革、毛皮、羽毛及其制品和制鞋业			2	5.3
木材加工和木、竹、藤、棕、草制品业	6	6.7	21	23.6
家具制造业	2	6.5	13	41.9
造纸和纸制品业	1	2.6	12	31.6
印刷和记录媒介复制业			7	24.1
文教、工美、体育和娱乐用品制造业	1	9.1	4	36.4
石油、煤炭及其他燃料加工业	1	2.4	11	26.2
化学原料和化学制品制造业	4	2.6	39	25.3
医药制造业	13	12.6	47	45.6
化学纤维制造业			2	100.0
橡胶和塑料制品业	2	3.1	18	28.1
非金属矿物制品业	14	5.8	59	24.4
黑色金属冶炼和压延加工业	1	9.1	5	45.5
有色金属冶炼和压延加工业	2	18.2	6	54.5
金属制品业	6	8.5	20	28.2
通用设备制造业	11	8.7	43	34.1
专用设备制造业	11	8.3	42	31.6

拨打互联网电话或召开视频会议		在线提供产品		发布消息或即时消息		员工培训		对外或对内招聘	
数量(个)	占使用互联网企业的比重(%)	数量(个)	占使用互联网企业的比重(%)	数量(个)	占使用互联网企业的比重(%)	数量(个)	占使用互联网企业的比重(%)	数量(个)	占使用互联网企业的比重(%)
1227	**12.6**	**769**	**7.9**	**2029**	**20.8**	**2455**	**25.1**	**2512**	**25.7**
30	**15.9**	**11**	**5.8**	**30**	**15.9**	**42**	**22.2**	**37**	**19.6**
17	13.5	4	3.2	16	12.7	24	19.0	21	16.7
				1	50.0	2	100.0	1	50.0
				1	20.0	1	20.0	1	20.0
5	45.5	2	18.2	1	9.1	4	36.4	2	18.2
4	13.8	5	17.2	7	24.1	7	24.1	6	20.7
4	25.0			4	25.0	4	25.0	6	37.5
413	**16.3**	**297**	**11.7**	**644**	**25.4**	**622**	**24.6**	**833**	**32.9**
102	11.4	128	14.3	207	23.2	204	22.8	222	24.9
34	28.3	20	16.7	36	30.0	41	34.2	50	41.7
20	19.4	17	16.5	25	24.3	29	28.2	34	33.0
1	50.0			1	50.0	1	50.0	1	50.0
3	11.5			4	15.4	2	7.7	5	19.2
				1	12.5	2	25.0		
6	6.7	9	10.1	11	12.4	12	13.5	15	16.9
5	16.1	4	12.9	10	32.3	9	29.0	11	35.5
3	7.9			4	10.5	7	18.4	16	42.1
4	13.8			5	17.2	6	20.7	9	31.0
2	18.2	1	9.1	1	9.1	2	18.2	5	45.5
6	14.3	3	7.1	12	28.6	13	31.0	15	35.7
19	12.3	15	9.7	38	24.7	39	25.3	49	31.8
35	34.0	12	11.7	47	45.6	34	33.0	58	56.3
		1	50.0	1	50.0	1	50.0	1	50.0
5	7.8	4	6.3	12	18.8	11	17.2	20	31.3
46	19.0	16	6.6	43	17.8	59	24.4	66	27.3
3	27.3	2	18.2	8	72.7	3	27.3	5	45.5
2	18.2	1	9.1	2	18.2	2	18.2	6	54.5
9	12.7	7	9.9	14	19.7	15	21.1	24	33.8
27	21.4	19	15.1	42	33.3	32	25.4	60	47.6
25	18.8	12	9.0	44	33.1	34	25.6	63	47.4

6-9 续表 4

行　业	使用其他金融服务		提供客户服务	
	数量(个)	占使用互联网企业的比重(%)	数量(个)	占使用互联网企业的比重(%)
汽车制造业	3	9.4	14	43.8
铁路、船舶、航空航天和其他运输设备制造业	4	12.1	14	42.4
电气机械和器材制造业	7	11.1	24	38.1
计算机、通信和其他电子设备制造业	3	20.0	9	60.0
仪器仪表制造业	3	11.5	12	46.2
其他制造业	1	25.0		
废弃资源综合利用业			3	37.5
金属制品、机械和设备修理业				
电力、热力、燃气及水生产和供应业	**29**	**6.8**	**100**	**23.5**
电力、热力生产和供应业	23	6.3	74	20.3
燃气生产和供应业	4	11.4	16	45.7
水的生产和供应业	2	8.0	10	40.0
建筑业	**67**	**3.3**	**236**	**11.7**
房屋建筑业	29	2.9	99	9.9
土木工程建筑业	18	4.0	59	13.2
建筑安装业	9	3.0	45	14.8
建筑装饰、装修和其他建筑业	11	4.3	33	12.8
批发和零售业	**107**	**6.5**	**498**	**30.4**
批发业	34	6.2	168	30.5
零售业	73	6.7	330	30.3
交通运输、仓储和邮政业	**23**	**6.0**	**86**	**22.3**
铁路运输业			1	25.0
道路运输业	5	2.9	37	21.6
水上运输业			2	50.0
航空运输业			3	33.3
管道运输业				
多式联运和运输代理业	1	11.1	2	22.2
装卸搬运和仓储业	12	7.1	34	20.2
邮政业	5	25.0	7	35.0
住宿和餐饮业	**10**	**3.8**	**90**	**33.8**
住宿业	8	4.2	73	38.6
餐饮业	2	2.6	17	22.1

拨打互联网电话或召开视频会议		在线提供产品		发布消息或即时消息		员工培训		对外或对内招聘	
数量（个）	占使用互联网企业的比重（%）	数量（个）	占使用互联网企业的比重（%）	数量（个）	占使用互联网企业的比重（%）	数量（个）	占使用互联网企业的比重（%）	数量（个）	占使用互联网企业的比重（%）
13	40.6	6	18.8	11	34.4	14	43.8	21	65.6
10	30.3	3	9.1	13	39.4	15	45.5	18	54.5
13	20.6	11	17.5	26	41.3	16	25.4	29	46.0
9	60.0	3	20.0	8	53.3	4	26.7	9	60.0
7	26.9	2	7.7	13	50.0	12	46.2	15	57.7
2	50.0			3	75.0	1	25.0	3	75.0
2	25.0	1	12.5	2	25.0	2	25.0	2	25.0
								1	25.0
117	**27.5**	**13**	**3.1**	**122**	**28.7**	**130**	**30.6**	**80**	**18.8**
96	26.3	7	1.9	96	26.3	109	29.9	57	15.6
12	34.3	5	14.3	14	40.0	15	42.9	19	54.3
9	36.0	1	4.0	12	48.0	6	24.0	4	16.0
78	**3.9**	**52**	**2.6**	**280**	**13.9**	**533**	**26.5**	**367**	**18.2**
19	1.9	19	1.9	115	11.4	281	28.0	147	14.6
33	7.4	14	3.1	72	16.1	135	30.2	86	19.2
17	5.6	11	3.6	55	18.0	69	22.6	71	23.3
9	3.5	8	3.1	38	14.8	48	18.7	63	24.5
233	**14.2**	**177**	**10.8**	**360**	**22.0**	**453**	**27.6**	**486**	**29.7**
92	16.7	55	10.0	119	21.6	130	23.6	153	27.8
141	13.0	122	11.2	241	22.2	323	29.7	333	30.6
65	**16.9**	**22**	**5.7**	**93**	**24.2**	**122**	**31.7**	**68**	**17.7**
2	50.0	1	25.0	2	50.0	2	50.0	1	25.0
14	8.2	6	3.5	37	21.6	41	24.0	30	17.5
1	25.0			1	25.0	1	25.0		
2	22.2	1	11.1	4	44.4	1	11.1	2	22.2
2	22.2			5	55.6	4	44.4	3	33.3
36	21.4	9	5.4	37	22.0	60	35.7	24	14.3
8	40.0	5	25.0	7	35.0	13	65.0	8	40.0
20	**7.5**	**36**	**13.5**	**45**	**16.9**	**55**	**20.7**	**80**	**30.1**
17	9.0	33	17.5	34	18.0	43	22.8	56	29.6
3	3.9	3	3.9	11	14.3	12	15.6	24	31.2

6-9 续表 5

行业	使用其他金融服务		提供客户服务	
	数量(个)	占使用互联网企业的比重(%)	数量(个)	占使用互联网企业的比重(%)
信息传输、软件和信息技术服务业	**10**	**8.1**	**72**	**58.1**
电信、广播电视和卫星传输服务	5	6.9	45	62.5
互联网和相关服务			5	50.0
软件和信息技术服务业	5	11.9	22	52.4
房地产业	**40**	**2.3**	**210**	**12.2**
房地产业	40	2.3	210	12.2
租赁和商务服务业	**19**	**10.5**	**57**	**31.5**
租赁业				
商务服务业	19	10.6	57	31.8
科学研究和技术服务业	**4**	**5.1**	**26**	**32.9**
研究和试验发展			1	50.0
专业技术服务业	4	5.6	23	32.4
科技推广和应用服务业			2	33.3
水利、环境和公共设施管理业	**1**	**4.8**	**3**	**14.3**
水利管理业				
生态保护和环境治理业				
公共设施管理业	1	5.9	3	17.6
土地管理业				
居民服务、修理和其他服务业			**13**	**35.1**
居民服务业			9	39.1
机动车、电子产品和日用产品修理业			3	37.5
其他服务业			1	16.7
教育	**1**	**6.7**	**5**	**33.3**
教育	1	6.7	5	33.3
卫生和社会工作	**7**	**7.7**	**29**	**31.9**
卫生	7	7.9	29	32.6
社会工作				
文化、体育和娱乐业	**3**	**5.2**	**27**	**46.6**
新闻和出版业			4	36.4
广播、电视、电影和录音制作业	2	10.0	10	50.0
文化艺术业			3	60.0
体育			1	33.3
娱乐业	1	5.3	9	47.4

拨打互联网电话或召开视频会议		在线提供产品		发布消息或即时消息		员工培训		对外或对内招聘	
数量（个）	占使用互联网企业的比重（%）	数量（个）	占使用互联网企业的比重（%）	数量（个）	占使用互联网企业的比重（%）	数量（个）	占使用互联网企业的比重（%）	数量（个）	占使用互联网企业的比重（%）
65	**52.4**	**45**	**36.3**	**60**	**48.4**	**60**	**48.4**	**51**	**41.1**
47	65.3	27	37.5	35	48.6	41	56.9	19	26.4
1	10.0	7	70.0	4	40.0	2	20.0	5	50.0
17	40.5	11	26.2	21	50.0	17	40.5	27	64.3
115	**6.7**	**45**	**2.6**	**218**	**12.7**	**283**	**16.5**	**315**	**18.3**
115	6.7	45	2.6	218	12.7	283	16.5	315	18.3
38	**21.0**	**23**	**12.7**	**65**	**35.9**	**59**	**32.6**	**72**	**39.8**
								1	50.0
38	21.2	23	12.8	65	36.3	59	33.0	71	39.7
12	**15.2**	**6**	**7.6**	**25**	**31.6**	**25**	**31.6**	**31**	**39.2**
1	50.0							1	50.0
10	14.1	4	5.6	23	32.4	23	32.4	27	38.0
1	16.7	2	33.3	2	33.3	2	33.3	3	50.0
3	**14.3**	**2**	**9.5**	**5**	**23.8**	**9**	**42.9**	**8**	**38.1**
2	66.7					1	33.3	1	33.3
1	5.9	2	11.8	5	29.4	8	47.1	7	41.2
4	**10.8**	**6**	**16.2**	**10**	**27.0**	**10**	**27.0**	**12**	**32.4**
3	13.0	4	17.4	6	26.1	5	21.7	9	39.1
		1	12.5	2	25.0	4	50.0	2	25.0
1	16.7	1	16.7	2	33.3	1	16.7	1	16.7
3	**20.0**	**2**	**13.3**	**3**	**20.0**	**2**	**13.3**	**4**	**26.7**
3	20.0	2	13.3	3	20.0	2	13.3	4	26.7
17	**18.7**	**12**	**13.2**	**42**	**46.2**	**28**	**30.8**	**36**	**39.6**
17	19.1	12	13.5	42	47.2	28	31.5	35	39.3
								1	50.0
14	**24.1**	**20**	**34.5**	**27**	**46.6**	**22**	**37.9**	**32**	**55.2**
		5	45.5	7	63.6	3	27.3	5	45.5
8	40.0	8	40.0	10	50.0	9	45.0	13	65.0
2	40.0	3	60.0	3	60.0	3	60.0	2	40.0
				1	33.3	1	33.3	1	33.3
4	21.1	4	21.1	6	31.6	6	31.6	11	57.9

6-10 分地区企业通过

地区	企业数(个)	使用互联网开展活动的企业		收发电子邮件	
		数量(个)	比重(%)	数量(个)	占使用互联网企业的比重(%)
全省	**9867**	**9773**	**99.0**	**8535**	**87.3**
哈尔滨	3962	3932	99.2	3494	88.9
齐齐哈尔	857	852	99.4	736	86.4
鸡西	507	503	99.2	409	81.3
鹤岗	310	307	99.0	256	83.4
双鸭山	349	338	96.8	273	80.8
大庆	1042	1021	98.0	907	88.8
伊春	231	229	99.1	198	86.5
佳木斯	510	509	99.8	449	88.2
七台河	193	191	99.0	169	88.5
牡丹江	812	806	99.3	727	90.2
黑河	342	342	100.0	305	89.2
绥化	663	654	98.6	526	80.4
大兴安岭	89	89	100.0	86	96.6

6-10 续表

地区	使用其他金融服务		提供客户服务		拨打互联网电话或召开视频会议	
	数量(个)	占使用互联网企业的比重(%)	数量(个)	占使用互联网企业的比重(%)	数量(个)	占使用互联网企业的比重(%)
全省	**489**	**5.0**	**2287**	**23.4**	**1227**	**12.6**
哈尔滨	226	5.7	980	24.9	568	14.4
齐齐哈尔	44	5.2	213	25.0	124	14.6
鸡西	16	3.2	84	16.7	42	8.3
鹤岗	8	2.6	63	20.5	27	8.8
双鸭山	11	3.3	69	20.4	29	8.6
大庆	51	5.0	234	22.9	130	12.7
伊春	8	3.5	56	24.5	22	9.6
佳木斯	29	5.7	136	26.7	63	12.4
七台河	11	5.8	40	20.9	25	13.1
牡丹江	37	4.6	179	22.2	75	9.3
黑河	19	5.6	74	21.6	34	9.9
绥化	27	4.1	135	20.6	71	10.9
大兴安岭	2	2.2	24	27.0	17	19.1

互联网开展活动情况

了解商品和服务的信息		从政府机构获取信息		与政府机构互动		使用网上银行	
数量（个）	占使用互联网企业的比重（%）	数量（个）	占使用互联网企业的比重（%）	数量（个）	占使用互联网企业的比重（%）	数量（个）	占使用互联网企业的比重（%）
3816	**39.0**	**3818**	**39.1**	**1634**	**16.7**	**6486**	**66.4**
1578	40.1	1620	41.2	686	17.4	2691	68.4
354	41.5	352	41.3	165	19.4	588	69.0
189	37.6	182	36.2	73	14.5	300	59.6
115	37.5	111	36.2	47	15.3	222	72.3
116	34.3	117	34.6	47	13.9	220	65.1
388	38.0	414	40.5	165	16.2	668	65.4
81	35.4	82	35.8	43	18.8	133	58.1
204	40.1	193	37.9	101	19.8	344	67.6
79	41.4	74	38.7	34	17.8	133	69.6
298	37.0	317	39.3	126	15.6	530	65.8
141	41.2	124	36.3	55	16.1	220	64.3
234	35.8	189	28.9	79	12.1	384	58.7
39	43.8	43	48.3	13	14.6	53	59.6

在线提供产品		发布消息或即时消息		员工培训		对外或对内招聘	
数量（个）	占使用互联网企业的比重（%）	数量（个）	占使用互联网企业的比重（%）	数量（个）	占使用互联网企业的比重（%）	数量（个）	占使用互联网企业的比重（%）
769	**7.9**	**2029**	**20.8**	**2455**	**25.1**	**2512**	**25.7**
348	8.9	945	24.0	1010	25.7	1307	33.2
65	7.6	175	20.5	237	27.8	189	22.2
25	5.0	79	15.7	111	22.1	73	14.5
16	5.2	44	14.3	71	23.1	54	17.6
27	8.0	50	14.8	89	26.3	47	13.9
68	6.7	240	23.5	264	25.9	295	28.9
22	9.6	36	15.7	62	27.1	36	15.7
46	9.0	91	17.9	106	20.8	92	18.1
12	6.3	40	20.9	61	31.9	39	20.4
50	6.2	143	17.7	176	21.8	171	21.2
27	7.9	54	15.8	93	27.2	53	15.5
51	7.8	107	16.4	141	21.6	137	20.9
12	13.5	25	28.1	34	38.2	19	21.3

6-11　分行业企业互联网

行　业	企业数(个)	使用互联网的企业		通过互联网进行宣传推广的企业		自有网站	
		数量(个)	比重(%)	数量(个)	占使用互联网企业的比重(%)	数量(个)	占使用互联网企业的比重(%)
总　计	**9867**	**9773**	**99.0**	**7384**	**75.6**	**2010**	**20.6**
采矿业	**190**	**189**	**99.5**	**127**	**67.2**	**36**	**19.0**
煤炭开采和洗选业	127	126	99.2	75	59.5	17	13.5
石油和天然气开采业	2	2	100.0	1	50.0	1	50.0
黑色金属矿采选业	5	5	100.0	4	80.0	1	20.0
有色金属矿采选业	11	11	100.0	10	90.9	3	27.3
非金属矿采选业	29	29	100.0	24	82.8	7	24.1
开采专业及辅助性活动	16	16	100.0	13	81.3	7	43.8
其他采矿业							
制造业	**2569**	**2532**	**98.6**	**2086**	**82.4**	**895**	**35.3**
农副食品加工业	903	893	98.9	722	80.9	250	28.0
食品制造业	121	120	99.2	106	88.3	51	42.5
酒、饮料和精制茶制造业	104	103	99.0	95	92.2	40	38.8
烟草制品业	2	2	100.0	1	50.0		
纺织业	27	26	96.3	18	69.2	4	15.4
纺织服装、服饰业	8	8	100.0	4	50.0		
皮革、毛皮、羽毛及其制品和制鞋业	54	38	70.4	33	86.8		
木材加工和木、竹、藤、棕、草制品业	89	89	100.0	69	77.5	20	22.5
家具制造业	31	31	100.0	29	93.5	13	41.9
造纸和纸制品业	38	38	100.0	30	78.9	12	31.6
印刷和记录媒介复制业	29	29	100.0	22	75.9	7	24.1
文教、工美、体育和娱乐用品制造业	11	11	100.0	10	90.9	6	54.5
石油、煤炭及其他燃料加工业	42	42	100.0	34	81.0	17	40.5
化学原料和化学制品制造业	155	154	99.4	135	87.7	66	42.9
医药制造业	103	103	100.0	97	94.2	63	61.2
化学纤维制造业	2	2	100.0	2	100.0	1	50.0
橡胶和塑料制品业	64	64	100.0	53	82.8	25	39.1
非金属矿物制品业	247	242	98.0	170	70.2	50	20.7
黑色金属冶炼和压延加工业	11	11	100.0	10	90.9	7	63.6
有色金属冶炼和压延加工业	11	11	100.0	9	81.8	7	63.6
金属制品业	72	71	98.6	56	78.9	26	36.6
通用设备制造业	126	126	100.0	103	81.7	64	50.8
专用设备制造业	133	133	100.0	115	86.5	64	48.1

宣传和推广情况

互联网广告		搜索引擎		电子商务平台		电子邮件		社交网站或即时通讯社交工具	
数量（个）	占使用互联网企业的比重（%）	数量（个）	占使用互联网企业的比重（%）	数量（个）	占使用互联网企业的比重（%）	数量（个）	占使用互联网企业的比重（%）	数量（个）	占使用互联网企业的比重（%）
2397	**24.5**	**770**	**7.9**	**833**	**8.5**	**2818**	**28.8**	**1139**	**11.7**
33	**17.5**	**15**	**7.9**	**13**	**6.9**	**66**	**34.9**	**15**	**7.9**
23	18.3	12	9.5	8	6.3	38	30.2	13	10.3
2	40.0					3	60.0		
2	18.2	2	18.2	2	18.2	5	45.5		
4	13.8			2	6.9	14	48.3	1	3.4
2	12.5	1	6.3	1	6.3	6	37.5	1	6.3
598	**23.6**	**240**	**9.5**	**309**	**12.2**	**835**	**33.0**	**323**	**12.8**
206	23.1	49	5.5	151	16.9	272	30.5	101	11.3
36	30.0	16	13.3	30	25.0	39	32.5	20	16.7
36	35.0	8	7.8	15	14.6	32	31.1	15	14.6
1	50.0								
4	15.4	1	3.8	1	3.8	11	42.3	2	7.7
3	37.5					2	25.0	1	12.5
19	50.0			2	5.3	13	34.2		
18	20.2	5	5.6	8	9.0	44	49.4	10	11.2
7	22.6	6	19.4	3	9.7	10	32.3	2	6.5
8	21.1	2	5.3	3	7.9	14	36.8	3	7.9
4	13.8	3	10.3	1	3.4	9	31.0	5	17.2
3	27.3	2	18.2	3	27.3	4	36.4	3	27.3
11	26.2	6	14.3	3	7.1	9	21.4	5	11.9
27	17.5	16	10.4	13	8.4	57	37.0	25	16.2
24	23.3	18	17.5	8	7.8	31	30.1	22	21.4
1	50.0					2	100.0	1	50.0
11	17.2	3	4.7			27	42.2	2	3.1
47	19.4	23	9.5	16	6.6	70	28.9	28	11.6
5	45.5			4	36.4	7	63.6	1	9.1
3	27.3	2	18.2	1	9.1	5	45.5		
17	23.9	10	14.1	7	9.9	20	28.2	9	12.7
29	23.0	17	13.5	7	5.6	44	34.9	17	13.5
36	27.1	20	15.0	14	10.5	51	38.3	26	19.5

6-11 续表 1

行业	企业数(个)	使用互联网的企业		通过互联网进行宣传推广的企业		自有网站	
		数量(个)	比重(%)	数量(个)	占使用互联网企业的比重(%)	数量(个)	占使用互联网企业的比重(%)
汽车制造业	33	32	97.0	26	81.3	13	40.6
铁路、船舶、航空航天和其他运输设备制造业	33	33	100.0	30	90.9	16	48.5
电气机械和器材制造业	63	63	100.0	60	95.2	40	63.5
计算机、通信和其他电子设备制造业	15	15	100.0	13	86.7	12	80.0
仪器仪表制造业	26	26	100.0	25	96.2	17	65.4
其他制造业	4	4	100.0	4	100.0	3	75.0
废弃资源综合利用业	8	8	100.0	3	37.5	1	12.5
金属制品、机械和设备修理业	4	4	100.0	2	50.0		
电力、热力、燃气及水生产和供应业	**427**	**425**	**99.5**	**281**	**66.1**	**109**	**25.6**
电力、热力生产和供应业	367	365	99.5	237	64.9	90	24.7
燃气生产和供应业	35	35	100.0	23	65.7	10	28.6
水的生产和供应业	25	25	100.0	21	84.0	9	36.0
建筑业	**2038**	**2014**	**98.8**	**1419**	**70.5**	**209**	**10.4**
房屋建筑业	1019	1005	98.6	697	69.4	71	7.1
土木工程建筑业	453	447	98.7	306	68.5	54	12.1
建筑安装业	308	305	99.0	233	76.4	50	16.4
建筑装饰、装修和其他建筑业	258	257	99.6	183	71.2	34	13.2
批发和零售业	**1650**	**1639**	**99.3**	**1249**	**76.2**	**269**	**16.4**
批发业	554	551	99.5	393	71.3	89	16.2
零售业	1096	1088	99.3	856	78.7	180	16.5
交通运输、仓储和邮政业	**385**	**385**	**100.0**	**265**	**68.8**	**61**	**15.8**
铁路运输业	4	4	100.0	3	75.0	3	75.0
道路运输业	171	171	100.0	111	64.9	27	15.8
水上运输业	4	4	100.0	3	75.0	2	50.0
航空运输业	9	9	100.0	7	77.8	4	44.4
管道运输业							
多式联运和运输代理业	9	9	100.0	6	66.7	4	44.4
装卸搬运和仓储业	168	168	100.0	117	69.6	16	9.5
邮政业	20	20	100.0	18	90.0	5	25.0
住宿和餐饮业	**269**	**266**	**98.9**	**225**	**84.6**	**55**	**20.7**
住宿业	190	189	99.5	162	85.7	40	21.2
餐饮业	79	77	97.5	63	81.8	15	19.5

互联网广告		搜索引擎		电子商务平台		电子邮件		社交网站或即时通讯社交工具	
数量（个）	占使用互联网企业的比重（%）	数量（个）	占使用互联网企业的比重（%）	数量（个）	占使用互联网企业的比重（%）	数量（个）	占使用互联网企业的比重（%）	数量（个）	占使用互联网企业的比重（%）
7	21.9	6	18.8	3	9.4	10	31.3	4	12.5
5	15.2	3	9.1	3	9.1	11	33.3	4	12.1
19	30.2	14	22.2	7	11.1	22	34.9	9	14.3
3	20.0	1	6.7	2	13.3	6	40.0	3	20.0
6	23.1	7	26.9	2	7.7	9	34.6	4	15.4
1	25.0	1	25.0			1	25.0	1	25.0
1	12.5	1	12.5	1	12.5	2	25.0		
				1	25.0	1	25.0		
46	**10.8**	**13**	**3.1**	**21**	**4.9**	**92**	**21.6**	**48**	**11.3**
30	8.2	9	2.5	17	4.7	79	21.6	38	10.4
11	31.4	2	5.7			5	14.3	5	14.3
5	20.0	2	8.0	4	16.0	8	32.0	5	20.0
363	**18.0**	**142**	**7.1**	**91**	**4.5**	**706**	**35.1**	**156**	**7.7**
169	16.8	53	5.3	40	4.0	368	36.6	75	7.5
73	16.3	38	8.5	19	4.3	157	35.1	42	9.4
57	18.7	28	9.2	18	5.9	106	34.8	25	8.2
64	24.9	23	8.9	14	5.4	75	29.2	14	5.4
514	**31.4**	**100**	**6.1**	**197**	**12.0**	**368**	**22.5**	**232**	**14.2**
131	23.8	30	5.4	53	9.6	150	27.2	60	10.9
383	35.2	70	6.4	144	13.2	218	20.0	172	15.8
67	**17.4**	**25**	**6.5**	**33**	**8.6**	**114**	**29.6**	**42**	**10.9**
1	25.0	1	25.0			1	25.0		
30	17.5	7	4.1	10	5.8	39	22.8	23	13.5
2	50.0								
4	44.4	1	11.1	1	11.1	1	11.1		
1	11.1					2	22.2	2	22.2
18	10.7	14	8.3	18	10.7	67	39.9	13	7.7
11	55.0	2	10.0	4	20.0	4	20.0	4	20.0
102	**38.3**	**25**	**9.4**	**33**	**12.4**	**43**	**16.2**	**37**	**13.9**
76	40.2	20	10.6	26	13.8	35	18.5	26	13.8
26	33.8	5	6.5	7	9.1	8	10.4	11	14.3

6-11 续表 2

行业	企业数(个)	使用互联网的企业		通过互联网进行宣传推广的企业		自有网站	
		数量(个)	比重(%)	数量(个)	占使用互联网企业的比重(%)	数量(个)	占使用互联网企业的比重(%)
信息传输、软件和信息技术服务业	**124**	**124**	**100.0**	**118**	**95.2**	**70**	**56.5**
电信、广播电视和卫星传输服务	72	72	100.0	68	94.4	37	51.4
互联网和相关服务	10	10	100.0	9	90.0	7	70.0
软件和信息技术服务业	42	42	100.0	41	97.6	26	61.9
房地产业	**1732**	**1717**	**99.1**	**1230**	**71.6**	**128**	**7.5**
房地产业	1732	1717	99.1	1230	71.6	128	7.5
租赁和商务服务业	**181**	**181**	**100.0**	**147**	**81.2**	**61**	**33.7**
租赁业	2	2	100.0	2	100.0		
商务服务业	179	179	100.0	145	81.0	61	34.1
科学研究和技术服务业	**79**	**79**	**100.0**	**59**	**74.7**	**35**	**44.3**
研究和试验发展	2	2	100.0	1	50.0		
专业技术服务业	71	71	100.0	54	76.1	32	45.1
科技推广和应用服务业	6	6	100.0	4	66.7	3	50.0
水利、环境和公共设施管理业	**22**	**21**	**95.5**	**17**	**81.0**	**9**	**42.9**
水利管理业	1	1	100.0				
生态保护和环境治理业							
公共设施管理业	18	17	94.4	15	88.2	7	41.2
土地管理业							
居民服务、修理和其他服务业	**37**	**37**	**100.0**	**25**	**67.6**	**10**	**27.0**
居民服务业	23	23	100.0	18	78.3	7	30.4
机动车、电子产品和日用产品修理业	8	8	100.0	4	50.0	1	12.5
其他服务业	6	6	100.0	3	50.0	2	33.3
教育	**15**	**15**	**100.0**	**12**	**80.0**	**7**	**46.7**
教育	15	15	100.0	12	80.0	7	46.7
卫生和社会工作	**91**	**91**	**100.0**	**74**	**81.3**	**33**	**36.3**
卫生	89	89	100.0	73	82.0	33	37.1
社会工作	2	2	100.0	1	50.0		
文化、体育和娱乐业	**58**	**58**	**100.0**	**50**	**86.2**	**23**	**39.7**
新闻和出版业	11	11	100.0	9	81.8	8	72.7
广播、电视、电影和录音制作业	20	20	100.0	17	85.0	4	20.0
文化艺术业	5	5	100.0	5	100.0	3	60.0
体育	3	3	100.0	3	100.0	1	33.3
娱乐业	19	19	100.0	16	84.2	7	36.8

互联网广告		搜索引擎		电子商务平台		电子邮件		社交网站或即时通讯社交工具	
数量（个）	占使用互联网企业的比重（%）	数量（个）	占使用互联网企业的比重（%）	数量（个）	占使用互联网企业的比重（%）	数量（个）	占使用互联网企业的比重（%）	数量（个）	占使用互联网企业的比重（%）
55	**44.4**	**23**	**18.5**	**21**	**16.9**	**27**	**21.8**	**25**	**20.2**
33	45.8	12	16.7	15	20.8	13	18.1	17	23.6
3	30.0	1	10.0	3	30.0	4	40.0	2	20.0
19	45.2	10	23.8	3	7.1	10	23.8	6	14.3
479	**27.9**	**133**	**7.7**	**70**	**4.1**	**478**	**27.8**	**165**	**9.6**
479	27.9	133	7.7	70	4.1	478	27.8	165	9.6
52	**28.7**	**23**	**12.7**	**18**	**9.9**	**31**	**17.1**	**29**	**16.0**
1	50.0								
51	28.5	23	12.8	18	10.1	31	17.3	29	16.2
14	**17.7**	**12**	**15.2**	**5**	**6.3**	**23**	**29.1**	**15**	**19.0**
12	16.9	10	14.1	4	5.6	22	31.0	13	18.3
2	33.3	2	33.3	1	16.7	1	16.7	2	33.3
6	**28.6**	**1**	**4.8**			**4**	**19.0**	**3**	**14.3**
5	29.4	1	5.9			3	17.6	3	17.6
14	**37.8**	**2**	**5.4**	**1**	**2.7**	**4**	**10.8**	**3**	**8.1**
10	43.5	1	4.3	1	4.3	2	8.7	2	8.7
2	25.0					1	12.5	1	12.5
2	33.3	1	16.7			1	16.7		
5	**33.3**	**1**	**6.7**			**2**	**13.3**	**1**	**6.7**
5	33.3	1	6.7			2	13.3	1	6.7
27	**29.7**	**8**	**8.8**	**4**	**4.4**	**11**	**12.1**	**20**	**22.0**
26	29.2	8	9.0	4	4.5	11	12.4	20	22.5
1	50.0								
22	**37.9**	**7**	**12.1**	**17**	**29.3**	**14**	**24.1**	**25**	**43.1**
1	9.1	2	18.2	3	27.3	4	36.4	4	36.4
7	35.0			4	20.0	4	20.0	7	35.0
2	40.0	2	40.0	2	40.0	3	60.0	4	80.0
3	100.0			1	33.3	1	33.3	2	66.7
9	47.4	3	15.8	7	36.8	2	10.5	8	42.1

6-12 分地区企业互联网

地区	企业数(个)	使用互联网的企业		通过互联网进行宣传推广的企业		自有网站		互联网广告	
		数量(个)	比重(%)	数量(个)	占使用互联网企业的比重(%)	数量(个)	占使用互联网企业的比重(%)	数量(个)	占使用互联网企业的比重(%)
全省	**9867**	**9773**	**99.0**	**7384**	**75.6**	**2010**	**20.6**	**2397**	**24.5**
哈尔滨	3962	3932	99.2	3036	77.2	994	25.3	1075	27.3
齐齐哈尔	857	852	99.4	639	75.0	160	18.8	190	22.3
鸡西	507	503	99.2	343	68.2	63	12.5	100	19.9
鹤岗	310	307	99.0	229	74.6	53	17.3	60	19.5
双鸭山	349	338	96.8	228	67.5	45	13.3	55	16.3
大庆	1042	1021	98.0	788	77.2	192	18.8	260	25.5
伊春	231	229	99.1	170	74.2	37	16.2	54	23.6
佳木斯	510	509	99.8	397	78.0	123	24.2	128	25.1
七台河	193	191	99.0	138	72.3	31	16.2	41	21.5
牡丹江	812	806	99.3	592	73.4	136	16.9	194	24.1
黑河	342	342	100.0	261	76.3	49	14.3	75	21.9
绥化	663	654	98.6	498	76.1	111	17.0	145	22.2
大兴安岭	89	89	100.0	65	73.0	16	18.0	20	22.5

宣传和推广情况

搜索引擎		电子商务平台		电子邮件		社交网站或即时通讯社交工具	
数量（个）	占使用互联网企业的比重（%）	数量（个）	占使用互联网企业的比重（%）	数量（个）	占使用互联网企业的比重（%）	数量（个）	占使用互联网企业的比重（%）
770	**7.9**	**833**	**8.5**	**2818**	**28.8**	**1139**	**11.7**
398	10.1	342	8.7	1044	26.6	518	13.2
64	7.5	92	10.8	245	28.8	85	10.0
29	5.8	36	7.2	140	27.8	43	8.5
17	5.5	32	10.4	97	31.6	31	10.1
22	6.5	27	8.0	95	28.1	37	10.9
74	7.2	94	9.2	330	32.3	117	11.5
28	12.2	15	6.6	71	31.0	29	12.7
29	5.7	40	7.9	137	26.9	55	10.8
4	2.1	14	7.3	54	28.3	29	15.2
43	5.3	59	7.3	259	32.1	77	9.6
17	5.0	26	7.6	114	33.3	48	14.0
39	6.0	50	7.6	192	29.4	60	9.2
6	6.7	6	6.7	40	44.9	10	11.2

6-13 分行业企业开展

行业	有电子商务交易的企业数(个)	有电子商务销售的企业		B2B	
		数量(个)	金额(万元)	企业数量(个)	金额(万元)
总 计	**466**	**336**	**5932648.0**	**245**	**3541002.0**
采矿业	**3**				
煤炭开采和洗选业	1				
石油和天然气开采业					
黑色金属矿采选业					
有色金属矿采选业	1				
非金属矿采选业	1				
开采专业及辅助性活动					
其他采矿业					
制造业	**194**	**154**	**2073441.0**	**115**	**1270245.0**
农副食品加工业	93	85	179159.0	68	133418.0
食品制造业	20	19	136417.0	9	746.0
酒、饮料和精制茶制造业	6	6	2482.0	4	210.0
烟草制品业	2	2	996712.0	2	996712.0
纺织业	2				
纺织服装、服饰业					
皮革、毛皮、羽毛及其制品和制鞋业					
木材加工和木、竹、藤、棕、草制品业	4	3	440.0	3	440.0
家具制造业	4	3	6643.0	2	643.0
造纸和纸制品业	3	2	103.0	2	103.0
印刷和记录媒介复制业					
文教、工美、体育和娱乐用品制造业	2	2	359.0		
石油、煤炭及其他燃料加工业	3	1	459100.0		
化学原料和化学制品制造业	6	5	153603.0	3	225.0
医药制造业	4	3	395.0	2	388.0
化学纤维制造业					
橡胶和塑料制品业	2	1	570.0		
非金属矿物制品业	3	1	23.0	1	23.0
黑色金属冶炼和压延加工业	1	1	33299.0	1	33299.0
有色金属冶炼和压延加工业					
金属制品业	3	3	20063.0	3	20063.0
通用设备制造业	8	3	3043.0	3	3040.0

电子商务交易情况

B2C		向大陆以外区域销售		有电子商务采购的企业		从大陆以外区域采购	
企业数量（个）	金额（万元）	企业数量（个）	金额（万元）	数量（个）	金额（万元）	企业数量（个）	金额（万元）
155	**2391645.0**	**9**	**45257.0**	**207**	**3108350.0**	**3**	**14.0**
				3	**64.0**		
				1	30.0		
				1	24.0		
				1	10.0		
68	**803196.0**	**5**	**44733.0**	**80**	**1492837.0**		
38	45741.0	1	1.0	23	40857.0		
11	135671.0			4	1098.0		
4	2272.0			2	54.0		
				1	44022.0		
				2	2304.0		
		1	285.0	2	15.0		
1	6000.0	1	510.0	1	16.0		
				3	6034.0		
2	359.0						
1	459100.0			3	187575.0		
3	153378.0			5	614.0		
2	7.0			2	380.0		
1	570.0			1	350.0		
				3	36.0		
				1	62579.0		
				1	15800.0		
1	3.0			7	526876.0		

6-13 续表 1

行业	有电子商务交易的企业数(个)	有电子商务销售的企业		B2B	
		数量(个)	金额(万元)	企业数量(个)	金额(万元)
专用设备制造业	12	5	44224.0	5	44224.0
汽车制造业	3	3	145.0	2	95.0
铁路、船舶、航空航天和其他运输设备制造业	2	1	2313.0	1	2313.0
电气机械和器材制造业	6	3	33652.0	2	33647.0
计算机、通信和其他电子设备制造业	1				
仪器仪表制造业	3	2	697.0	2	657.0
其他制造业	1				
废弃资源综合利用业					
金属制品、机械和设备修理业					
电力、热力、燃气及水生产和供应业	**18**	**3**	**1163.0**	**3**	**1163.0**
电力、热力生产和供应业	17	2	109.0	2	109.0
燃气生产和供应业					
水的生产和供应业					
建筑业	**16**	**3**	**28.0**	**3**	**28.0**
房屋建筑业	3				
土木工程建筑业	6	1	5.0	1	5.0
建筑安装业	4	2	23.0	2	23.0
建筑装饰、装修和其他建筑业	3				
批发和零售业	**111**	**98**	**3453736.0**	**72**	**1986763.0**
批发业	37	31	2893846.0	26	1925475.0
零售业	74	67	559890.0	46	61287.0
交通运输、仓储和邮政业	**21**	**12**	**44076.0**	**7**	**40436.0**
铁路运输业					
道路运输业	9	5	629.0	3	501.0
水上运输业	1	1	26.0		
航空运输业	1	1	10016.0	1	8354.0
管道运输业					
多式联运和运输代理业					
装卸搬运和仓储业	7	2	31461.0	2	31461.0
邮政业	3	3	1944.0	1	120.0
住宿和餐饮业	**34**	**32**	**3893.0**	**27**	**2777.0**
住宿业	32	30	3795.0	25	2720.0
餐饮业	2	2	98.0	2	57.0

B2C		向大陆以外区域销售		有电子商务采购的企业		从大陆以外区域采购	
企业数量（个）	金额（万元）	企业数量（个）	金额（万元）	数量（个）	金额（万元）	企业数量（个）	金额（万元）
		1	43892.0	8	608.0		
2	50.0	1	45.0	2	47.0		
				2	403795.0		
1	5.0			3	193716.0		
				1	30.0		
1	40.0			2	6030.0		
				1	2.0		
				15	**35382.0**		
				15	35382.0		
				13	**1561.0**		
				3	252.0		
				5	1263.0		
				2	11.0		
				3	35.0		
52	**1466973.0**	**1**	**112.0**	**36**	**1563526.0**		
10	968372.0	1	112.0	21	1545072.0		
42	498602.0			15	18454.0		
6	**3640.0**			**11**	**6904.0**		
2	128.0			4	13.0		
1	26.0						
1	1662.0						
				7	6891.0		
2	1824.0						
9	**1116.0**	**1**	**2.0**	**8**	**64.0**		
8	1075.0	1	2.0	8	64.0		
1	41.0						

6-13 续表 2

行业	有电子商务交易的企业数(个)	有电子商务销售的企业			
				B2B	
		数量(个)	金额(万元)	企业数量(个)	金额(万元)
信息传输、软件和信息技术服务业	**20**	**16**	**316474.0**	**8**	**202951.0**
电信、广播电视和卫星传输服务	10	9	37736.0	3	885.0
互联网和相关服务	6	6	278514.0	4	201841.0
软件和信息技术服务业	4	1	225.0	1	225.0
房地产业	**27**	**1**	**2.0**	**1**	**2.0**
房地产业	27	1	2.0	1	2.0
租赁和商务服务业	**4**	**4**	**27440.0**	**3**	**27433.0**
租赁业					
商务服务业	4	4	27440.0	3	27433.0
科学研究和技术服务业	**3**				
研究和试验发展					
专业技术服务业	3				
科技推广和应用服务业					
水利、环境和公共设施管理业	**3**	**2**	**31.0**	**1**	**2.0**
水利管理业					
生态保护和环境治理业					
公共设施管理业	3	2	31.0	1	2.0
土地管理业			1.0		
居民服务、修理和其他服务业	**1**	**1**	**1.0**	**1**	**1.0**
居民服务业	1	1		1	1.0
机动车、电子产品和日用产品修理业					
其他服务业					
教育					
教育					
卫生和社会工作					
卫生					
社会工作					
文化、体育和娱乐业	**11**	**10**	**12361.0**	**4**	**9202.0**
新闻和出版业					
广播、电视、电影和录音制作业	5	5	3441.0	2	747.0
文化艺术业	1	1	89.0		
体育					
娱乐业	5	4	8831.0	2	8455.0

B2C		向大陆以外区域销售		有电子商务采购的企业		从大陆以外区域采购	
企业数量（个）	金额（万元）	企业数量（个）	金额（万元）	数量（个）	金额（万元）	企业数量（个）	金额（万元）
11	**113524.0**	**1**	**400.0**	**8**	**7803.0**	**1**	**3.0**
7	36851.0			4	7620.0		
4	76673.0	1	400.0	1	5.0		
				3	178.0	1	
				26	**160.0**		
				26	160.0		
1	**7.0**	**1**	**10.0**	**2**	**13.0**	**2**	**11.0**
1	7.0	1	10.0	2	13.0	2	11.0
				3	**33.0**		
				3	33.0		
1	**29.0**			**1**	**1.0**		
1	29.0			1	1.0		
	1.0						
	1.0						
7	**3159.0**			**1**	**2.0**		
4	2694.0						
1	89.0						
2	376.0			1	2.0		

6-14 分地区企业开展

地区	有电子商务交易的企业数(个)	有电子商务销售的企业			
				B2B	
		数量(个)	金额(万元)	企业数量(个)	金额(万元)
全省	**466**	**336**	**5932648.0**	**245**	**3541002.0**
哈尔滨	202	137	3373349.0	101	2007303.0
齐齐哈尔	35	30	275929.0	20	4133.0
鸡西	18	10	173244.0	9	171757.0
鹤岗	13	11	72377.0	9	71903.0
双鸭山	18	12	130223.0	9	127519.0
大庆	40	26	861413.0	17	262216.0
伊春	15	11	13864.0	6	1072.0
佳木斯	30	25	204654.0	21	199799.0
七台河	9	7	144250.0	3	31123.0
牡丹江	32	27	313058.0	18	302452.0
黑河	16	13	36807.0	10	29811.0
绥化	29	21	289517.0	16	287997.0
大兴安岭	9	6	43961.0	6	43915.0

电子商务交易情况

B2C		向大陆以外区域销售		有电子商务采购的企业		从大陆以外区域采购	
企业数量（个）	金额（万元）	企业数量（个）	金额（万元）	数量（个）	金额（万元）	企业数量（个）	金额（万元）
155	**2391645.0**	**9**	**45257.0**	**207**	**3108350.0**	**3**	**14.0**
65	1366046.0	5	742.0	92	1445697.0	2	13.0
15	271796.0	1	1.0	8	404326.0		
3	1487.0			10	106857.0		
3	474.0			4	52904.0		
6	2704.0			10	183114.0		
15	599197.0			22	303297.0		
6	12792.0	1	510.0	6	775.0		
12	4855.0			9	140521.0		
4	113127.0			4	46796.0		
12	10606.0	1	43892.0	11	181728.0	1	1.0
5	6996.0	1	112.0	8	9572.0		
7	1520.0			17	208819.0		
2	46.0			6	23945.0		

附　录

主要指标解释

主要指标解释

房屋施工面积　指报告期内施工的全部房屋建筑面积。包括本期新开工的房屋建筑面积、上期跨入本期继续施工的房屋建筑面积、上期停缓建在本期恢复施工的房屋建筑面积、本期竣工的房屋建筑面积以及本期施工后又停缓建的房屋建筑面积。多层建筑应填各层建筑面积之和。

房屋新开工面积　指报告期内新开工建设的房屋建筑面积，以单位工程为核算对象，即整栋房屋的全部建筑面积，不能分割计算。不包括在上期开工跨入本期继续施工的房屋建筑面积和上期停缓建而在本期复工的房屋建筑面积。房屋的开工应以房屋正式开始破土刨槽（地基处理或打永久桩）的日期为准。

房屋竣工面积　指报告期内房屋建筑按照设计要求已全部完工，达到住人和使用条件，经验收鉴定合格或达到竣工验收标准，可正式移交使用的各栋房屋建筑面积的总和。

竣工面积以房屋单位工程（栋）为核算对象，在整栋房屋符合竣工条件后按其全部建筑面积一次性计算，而不是按各栋施工房屋中已完成的部分或层次分割计算。

商品房销售面积　指报告期内出售商品房屋的合同总面积（即双方签署的正式买卖合同中所确定的建筑面积）。商品房销售面积由现房销售面积和期房销售面积两部分组成。

（1）现房销售面积：指在报告期内正式签订买卖合同、已经竣工达到入住条件的商品房屋建筑面积。包括以一次性付款方式和分期付款方式销售的现房建筑面积。

（2）期房销售面积：指在报告期内正式签订买卖合同、正在建设尚未竣工交付使用的商品房屋建筑面积。包括以一次性付款方式和分期付款方式销售的商品房屋建筑面积。期房销售建筑面积竣工后不再结转为现房销售建筑面积。

商品房销售额　指报告期内出售商品房屋的合同总价款（即双方签署的正式买卖合同中所确定的合同总价）。该指标与商品房销售面积同口径，由现房销售额和期房销售额两部分组成。

（1）现房销售额：指报告期内销售的已竣工商品房屋的合同总价款。包括现房销售前期预收的定金、预收款、首付款及全部按揭贷款的本金等款项。该指标与现房销售面积同口径。

（2）期房销售额：指报告期内销售的正在建设尚未竣工的商品房屋的合同总价款。包括预售房屋前期预收的定金、预收款、首付款及全部按揭贷款的本金等项。该指标与期房销售面积同口径。

房屋竣工价值　指报告期内按规定已经上报竣工的房屋本身的建造价值。一般按房屋设计和预算规定的内容计算。包括竣工房屋本身的基础、结构、屋面、装修以及水、电、卫等附属工程的建筑价值；也包括作为房屋建筑组成部分而列入房屋建筑工程预算内的设备（如电梯、通风设备等）的购置和安装费用。不包括厂房内的工艺设备、工艺管线的购置和安装，工艺设备基础的建造；室外的水、暖、电、卫、道路工程、挡土墙等环境工程的费用；办公和生活用家具的购置等费用；购置土地的费用；迁移补偿费和场地平整的费用及城市建设配套投资。

房屋竣工价值不仅包括该竣工房屋在报告期内完成的价值，也包括跨年施工的房屋在本期以前完成的价值。未竣工而转让给其他单位的房屋建筑工程，出让单位不计算竣工价值，待接受单位继续施工并符合竣工条件后，由接受单位计算其竣工价值，包括出让单位在出让前所完成的价值。房屋竣工价值一般按结算价格（或中标价）计算。

待开发土地面积　指经有关部门批准，通过各种方式获得土地使用权，但尚未开工建设的土地面积。

本年土地购置面积　指在本年内通过各种方式获得土地使用权的土地面积。

资产总计　指企业过去的交易或者事项形成的、由企业拥有或者控制的、预期会给企业带来经济利益的资源。包括企业拥有的土地、办公楼、厂房、机器、运输工具、存货等实物资产和现金、存款、应收账款和预付账款等金融资产。资产一般按流动性（资产的变现或耗用时间长短）分为流动资产和非流动资产。其中流动资产可分为货币资金、交易性金融资产、应收票据、应收账款、预付款项、其他应收款、存货等；非流动资产可分为长期股权投资、固定资产、无形资产及其他非流动资产等。根据会计“资产负债表”中“资产总计”项目的期末余额数填报。

负债合计　指企业过去的交易或者事项形成的，预期会导致经济利益流出企业的现时义务。包括银行贷款、借款、应付账款、应付职工工资、应付职工福利费、应交税金等企业负有偿还责任的债务。

负债一般按偿还期长短分为流动负债和非流动负债。根据会计资产负债表中“负债合计”项目的期末余额数填报。执行企业会计准则或《小企业会计准则》的企业：负债合计=流动负债合计+非流动负债合计；执行其他企业会计制度的企业负债包括流动负债和长期负债。

主营业务收入　指企业确认的销售商品、提供劳务等主营业务的收入。根据会计“主营业务收入”科目的期末贷方余额填报。执行2006年《企业会计准则》的企业，如未设置该科目，以“营业收入”代替填报。

土地转让收入　指房地产开发企业按国家规定在报告

期转让已经开发的土地和未经开发的土地所得到的收入。根据会计“利润表”和相关核算资料计算填报。

商品房屋销售收入 指房地产开发企业在报告期售出商品房屋的收入，一次收款的，一次性全部计入销售收入，按合同规定分期收款的，可按合同规定的时间分次计入收入。根据会计“利润表”和相关核算资料计算填报。

房屋出租收入 指房地产开发企业在报告期内，在不改变现有财产所有权关系的条件下，将企业的全部或部分房屋出租给其他单位或个人使用所得到的租金收入。根据会计“利润表”和相关核算资料计算填报。

其他（主营业务）收入 指房地产开发企业在报告期内从事除以上收入外的其他业务活动所得到的收入，包括配套设施销售收入、代建工程结算收入等。根据会计“利润表”和相关核算资料计算填报。

年末从业人数 指报告期末最后一日在本单位工作，并取得工资或其他形式劳动报酬的人员数。

年末零售营业面积 指批发和零售业企业用于本企业从事零售业务的对外营业的面积，不包括其办公用房、仓库、加工场地以及对外出租场地。按年末实有建筑面积统计。

年末餐饮营业面积 指住宿和餐饮业企业对外提供餐饮服务的就餐面积和从事食品加工、烹饪、调制的厨房面积，不包括办公用房和仓库等面积。按年末实有建筑面积统计。

营业收入 指企业经营主要业务和其他业务所确认的收入总额。营业收入包括“主营业务收入”和“其他业务收入”。根据会计“利润表”中“营业收入”项目的本年累计数填报。